PSYCHODYNAMIK **Kompakt**

Herausgegeben von
Franz Resch und Inge Seiffge-Krenke

Dorothea von Haebler / Christiane Montag /
Günter Lempa

Modifizierte psychodynamische Psychosentherapie

Werkzeuge, Konzepte, Fallbeispiele

Vandenhoeck & Ruprecht

Mit einer Tabelle

Bibliografische Information der Deutschen Nationalbibliothek:
Die Deutsche Nationalbibliothek verzeichnet diese Publikation in der
Deutschen Nationalbibliografie; detaillierte bibliografische Daten sind
im Internet über https://dnb.de abrufbar.

© 2022 Vandenhoeck & Ruprecht, Theaterstraße 13, D-37073 Göttingen,
ein Imprint der Brill-Gruppe
(Koninklijke Brill NV, Leiden, Niederlande; Brill USA Inc., Boston MA, USA;
Brill Asia Pte Ltd, Singapore; Brill Deutschland GmbH, Paderborn, Deutschland;
Brill Österreich GmbH, Wien, Österreich)
Koninklijke Brill NV umfasst die Imprints Brill, Brill Nijhoff, Brill Hotei,
Brill Schöningh, Brill Fink, Brill mentis, Vandenhoeck & Ruprecht, Böhlau,
V&R unipress.

Alle Rechte vorbehalten. Das Werk und seine Teile sind urheberrechtlich
geschützt. Jede Verwertung in anderen als den gesetzlich zugelassenen Fällen
bedarf der vorherigen schriftlichen Einwilligung des Verlages.

Umschlagabbildung: Paul Klee, Haupt- und Nebenwege, 1929/akg-images

Satz: SchwabScantechnik, Göttingen
Druck und Bindung: ⊕ Hubert & Co. BuchPartner, Göttingen
Printed in the EU

Vandenhoeck & Ruprecht Verlage | www.vandenhoeck-ruprecht-verlage.com

ISSN 2566-6401
ISBN 978-3-525-40613-7

Inhalt

Vorwort zur Reihe 7

Vorwort zum Band 9

Einführung 11

1 Psychodynamik 16
  1.1 Das Konzept des schizophrenen Dilemmas 16
  1.2 Repräsentanz und Symbolisierung 21
  1.3 Modifikation der Behandlungstechnik 22

2 Rahmenbedingungen 25
  2.1 Setting 25
  2.2 Mitbehandelnde – Arbeit im Netzwerk 26
  2.3 Angehörige 28
  2.4 Vorgespräche 28
  2.5 Absprachen 30
  2.6 Krankheitskonzept, Definition von Therapie und Therapiezielen 31
  2.7 Handhabung der Abstinenz 33

3 Behandlungstechnik 35
  3.1 Foci der modifizierten psychodynamischen Psychosenpsychotherapie 35
  3.2 Beziehungsgestaltung im psychotherapeutischen Kontext 37
  3.3 Merkmale der psychotherapeutischen Haltung der modifizierten psychodynamischen Psychosentherapie 38

3.4 Handhabung der Gegenübertragung 41
3.5 Eröffnen eines therapeutischen Raumes 45
3.6 Die Modellerfahrung 46
3.7 Der Werkzeugkasten 48
3.8 Einzelinterventionen der modifizierten psychodynamischen Psychosenpsychotherapie 50

4 Umgang mit spezifischen Situationen
in der Psychosentherapie 66
4.1 Umgang mit Wahn und Halluzinationen 66
4.2 Umgang mit »Negativsymptomatik« und unspezifischen Symptomen (desorganisiert/»hebephren«) 68
4.3 Umgang mit Traumata in der Psychosentherapie 69
4.4 Umgang mit Aggression 72
4.5 Umgang mit Suizidalität 73
4.6 Umgang mit Medikamenteneinnahme 75
4.7 Umgang mit Substanzabusus und -abhängigkeit 77
4.8 Umgang mit einer Exazerbation der Psychose während der Behandlung 78
4.9 Häufige Kontaktaufnahme außerhalb des vereinbarten Settings 79
4.10 Patient wird während der Psychotherapie stationär aufgenommen 81
4.11 Umgang mit Stundenausfall 82
4.12 Umgang mit drohendem Behandlungsabbruch 83
4.13 Umgang mit Urlaub 84
4.14 Beendigung der Behandlung 85

5 Supervision unter Anwendung
des Dilemmaprinzips 86
5.1 Supervision mit schizophrenen Patienten 87
5.2 Abschließende Hinweise zur Supervision 90

Literatur 91

Vorwort zur Reihe

Zielsetzung von PSYCHODYNAMIK KOMPAKT ist es, alle psychotherapeutisch Interessierten, die in verschiedenen Settings mit unterschiedlichen Klientengruppen arbeiten, zu aktuellen und wichtigen Fragestellungen anzusprechen. Die Reihe soll Diskussionsgrundlagen liefern, den Forschungsstand aufarbeiten, Therapieerfahrungen vermitteln und neue Konzepte vorstellen: theoretisch fundiert, kurz, bündig und praxistauglich.

Die Psychoanalyse hat nicht nur historisch beeindruckende Modellvorstellungen für das Verständnis und die psychotherapeutische Behandlung von Patienten und Patientinnen hervorgebracht. In den letzten Jahren sind neue Entwicklungen hinzugekommen, die klassische Konzepte erweitern, ergänzen und für den therapeutischen Alltag fruchtbar machen. Psychodynamisch denken und handeln ist mehr und mehr in verschiedensten Berufsfeldern gefordert, nicht nur in den klassischen psychotherapeutischen Angeboten. Mit einer schlanken Handreichung von 70 bis 80 Seiten je Band kann sich die Leserin, der Leser schnell und kompetent zu den unterschiedlichen Themen auf den Stand bringen.

Themenschwerpunkte sind unter anderem:
- *Kernbegriffe und Konzepte* wie zum Beispiel therapeutische Haltung und therapeutische Beziehung, Widerstand und Abwehr, Interventionsformen, Arbeitsbündnis, Übertragung und Gegenübertragung, Trauma, Mitgefühl und Achtsamkeit, Autonomie und Selbstbestimmung, Bindung.
- *Neuere und integrative Konzepte und Behandlungsansätze* wie zum Beispiel Übertragungsfokussierte Psychotherapie, Schematherapie, Mentalisierungsbasierte Therapie, Traumatherapie, inter-

netbasierte Therapie, Psychotherapie und Pharmakotherapie, Verhaltenstherapie und psychodynamische Ansätze.
- *Störungsbezogene Behandlungsansätze* wie zum Beispiel Dissoziation und Traumatisierung, Persönlichkeitsstörungen, Essstörungen, Borderline-Störungen bei Männern, autistische Störungen, ADHS bei Frauen.
- *Lösungen für Problemsituationen in Behandlungen* wie zum Beispiel bei Beginn und Ende der Therapie, suizidalen Gefährdungen, Schweigen, Verweigern, Agieren, Therapieabbrüchen; Kunst als therapeutisches Medium, Symbolisierung und Kreativität, Umgang mit Grenzen.
- *Arbeitsfelder jenseits klassischer Settings* wie zum Beispiel Supervision, psychodynamische Beratung, Soziale Arbeit, Arbeit mit Geflüchteten und Migranten, Psychotherapie im Alter, die Arbeit mit Angehörigen, Eltern, Familien, Gruppen, Eltern-Säuglings-Kleinkind-Psychotherapie.
- *Berufsbild, Effektivität, Evaluation* wie zum Beispiel zentrale Wirkprinzipien psychodynamischer Therapie, psychotherapeutische Identität, Psychotherapieforschung.

Alle Themen werden von ausgewiesenen Expertinnen und Experten bearbeitet. Die Bände enthalten Fallbeispiele und konkrete Umsetzungen für psychodynamisches Arbeiten. Ziel ist es, auch jenseits des therapeutischen Schulendenkens psychodynamische Konzepte verstehbar zu machen, deren Wirkprinzipien und Praxisfelder aufzuzeigen und damit für alle Therapeutinnen und Therapeuten eine gemeinsame Verständnisgrundlage zu schaffen, die den Dialog befördern kann.

Franz Resch und Inge Seiffge-Krenke

Vorwort zum Band

Ein psychotherapeutischer Zugang zu schizophrenen Patienten und Patientinnen ist heute nicht mehr aus unserem Therapierepertoire wegzudenken. Das ist noch nicht lange der Fall. Erst 2014 wurde die Psychotherapie von Psychosen in den Kanon der Richtlinientherapien aufgenommen. Auch heute noch gibt es »Wohlmeinende« unter den Behandlern, die noch die alten Lehrmeinungen tradieren, dass sich eine Psychotherapie bei akut kranken Menschen mit Psychosen verbietet. Hier gilt es, auf den empirischen Nachweis der Wirksamkeit psychotherapeutischer Ansätze bei Psychosen zu verweisen und der therapeutischen Beziehung zu diesen – zutiefst von existenziellen Ängsten bedrohten – Patientinnen und Patienten besonderes Augenmerk zu schenken.

Die Autoren gestalten ihr Buch aus einer Haltung der Sorgfalt und des Respekts gegenüber psychotischen Menschen, sie verbinden eine Menge an Praxiserfahrung mit theoretischen Überlegungen und empirischem Wissen. Die Offenheit gegenüber der notwendigen medikamentösen Behandlung erlaubt ein pragmatisches Vorgehen. Die Autoren nennen ihre Überlegungen auch humorvoll »Werkzeugkasten«, weil sie ganz praktische Vorgehensweisen dokumentieren und wichtige Detailfragen einer Psychosentherapie aufgreifen.

Als Ausgangspunkt dient das »schizophrene Dilemma«, das die Schwierigkeit umschreibt, man selbst zu bleiben, wenn man zu anderen in Beziehung tritt. Dort, wo die Annäherung mit der Gefahr verbunden ist, sich selbst zu verlieren, entstehen existenzielle Ängste, die nicht selten mit Kontaktvermeidung beantwortet werden. Dort, wo der Rückzug zur Vereinsamung führt, droht wiederum die extreme Isolation in einer »Privatwelt«, die durch den Verlust jeglicher Bindungen zu anderen zu einer neuerlichen Bedrohung der Identität führt. Eine Modifikation psychoanalytischer Behandlungstechniken stellt die notwendigen Voraussetzungen für therapeutische Hilfestellungen her. Die Therapieziele dieser modifizierten Behandlungstechnik sollen eine Verbesserung der Nähe-Distanz-Reaktion ermöglichen sowie eine bessere Differenzierung emotionaler Zustände durch Reflexion und neue Bedeutungszuschreibungen erlauben. Verschiedene Settings werden beschrieben, die von Einzelinterventionen bis zur Gruppentherapie reichen. Wichtig sind klare Absprachen und die Beachtung der Voraussetzungen einer Therapie. Krankheitskategorien spielen keine so bedeutende Rolle wie Leidensdruck und Veränderungswünsche der Patienten.

Die Foci der modifizierten psychodynamischen Psychosentherapie werden im Kapitel über Behandlungstechnik hervorgehoben. Merkmale der therapeutischen Haltung kommen auch in der Handhabung der Gegenübertragung explizit zur Geltung. Besonders betont wird das Eröffnen eines therapeutischen Raums für die Patienten. Die Autoren erstellen einen »Werkzeugkasten«, der anders als ein starres Manual die Möglichkeit bietet, flexibel auf den aktuellen Zustand des Patienten oder der Patientin einzugehen. Dieser Werkzeugkasten wird in einer Übersicht über unterschiedliche Einzelinterventionen den Leserinnen und Lesern sichtbar gemacht und nahegebracht.

Schließlich erfolgt in einem großen Kapitel mit Praxisbezug eine Vertiefung des Umgangs mit spezifischen Situationen der Psychosentherapie: Vom Umgang mit Wahn und Halluzinationen bis zur Beendigung der Behandlung reicht das Spektrum. Wichtige Themen wie Traumata, Aggressionen, Suizidalität, Medikamenteneinnahme, Suchtverhalten und Störungen des Settings werden erläutert. Auch Fragen zu Stundenausfällen und der Verhinderung des Behandlungsabbruchs stehen zur Beantwortung auf der Agenda des Praxiskapitels.

Den Abschluss des Buches bilden einige wichtige Hinweise zur Supervision des therapeutischen Teams.

Ein Buch, das bei aller Differenziertheit der Darstellung auch Mut macht, die wichtige Patientengruppe der an einer Psychose leidenden Menschen in der Psychotherapie nicht zu vernachlässigen.

Franz Resch und Inge Seiffge-Krenke

Einführung

Menschen mit schizophrenen Psychosen sind häufig von einer tiefgreifenden Verunsicherung betroffen, die nach Entwicklung eines Wahns emotional weniger bedrohlich wirkt. Als Psychotherapeuten können und müssen wir dann beim Patienten mit seinem Erleben und Nichterleben bleiben, Zwischenstufen zwischen Starrheit und Auflösung anbieten, in welchen die Zeit eine Abfolge und der Raum Platz für verschiedene Standpunkte hat. Nur so kann sich das Erleben und die Bedrohung entzerren. Das gemeinsame Herstellen solcher Zwischenstufen und Abfolgen, das Zulassen verschiedener Standpunkte ist psychotherapeutische Arbeit, wie sie in diesem Buch beschrieben wird.

Psychotherapie von Menschen mit Psychosen ist ein Selbstverständnis. Wie Psychotherapie für jede andere psychische Erkrankung. Doch wie lange schon?

Die Geschichte der Psychosenpsychotherapie ist 150 Jahre alt, und doch ist eine Indikation zur Richtlinienpsychotherapie von Menschen mit Psychosen (schizophrene und affektive) erst 2014 erreicht worden. Die wissenschaftliche Evidenz gab es schon länger, doch die Tradition war stärker: Die Lehre, dass Menschen mit Psychosen sich durch eine Psychotherapie im Krankheitsverlauf verschlechtern, sogenanntes »aufdeckendes« Arbeiten eine ruhende Psychose erneut zum Ausbruch bringen könnte und dass man mit Menschen mit Psychosen im akuten Zustand nicht psychotherapeutisch arbeiten könne – das alles war Lehrmeinung und ist noch immer in den Köpfen vieler Psychotherapeuten und Psychiaterinnen, vor allem aber auch in den Köpfen der Bevölkerung und manchmal sogar der Betroffenen selbst wie deren Angehörigen.

Eine Notwendigkeit also ist es, Aufklärung zu betreiben: dass Psychotherapie für Menschen mit Psychosen in jeder Phase und bei jeder Schwere der Erkrankung indiziert ist: also im akuten Zustand wie auch im langzeiterkrankten »chronifizierten« Zustand, bei leichtgradiger Beeinträchtigung im Alltag wie auch bei einer schweren seelischen Behinderung durch die Erkrankung.

Die Psychotherapie ermöglicht es, mit Mitteln der therapeutischen Beziehung eine Verbindung herzustellen, wo diese aus existenziellen Ängsten heraus von Psychosebetroffenen abgelehnt wird. Es ist die Aufgabe des Psychotherapeuten, seine behandlungstechnischen Werkzeuge an den aktuellen Zustand des erkrankten Menschen anzupassen. Das Setting ist ein individueller, da gemeinsam errichteter Schutzraum, in dem ein Beziehungsaufbau als erster Schritt gestaltet werden kann.

Besonders wichtig ist hier, vom ersten Moment an die erforderliche Sorgfalt und wertschätzende Haltung den Menschen mit Psychosen und ihren Angehörigen gegenüber zu zeigen. Das scheint selbstverständlich, ist es aber nicht: Die Angehörigen verschweigen die Krankheit nach außen, die Betroffenen verstecken sich oder brechen Verbindungen ab, weil dies einfacher ist, als sich mit Worten zu erklären, die nicht verstanden werden. Ärzte und Therapeutinnen sprechen von »chronisch« und von »Negativsymptomatik« und davon, dass zumeist erst eine medikamentöse Behandlung erforderlich sei, bevor ein Mensch psychotherapeutische Hilfe, also Hilfe durch professionelle Beziehungsarbeit, bekommen kann. Die Diagnose kann die Wertschätzung retten oder untergraben, hier liegt es an uns, Diagnosen nicht als Bewertungsinstrumente zuzulassen.

Menschen mit einer akuten oder auch einer lang anhaltenden schizophrenen Psychose zeigen entweder die Angst selbst oder das, was sie darum herumgebaut haben: eine Leistung also, die eine individuelle Antwort ist auf die sie existenziell bedrohenden Gefühle, Vorstellungen und Ängste, auf eine ausweglose Situation: das psychotische Dilemma. Die Wertschätzung muss auch eine Anerkennung der Arbeit sein, die ein Mensch in seiner Bedrohung erbracht hat.

Und dann, wenn die Anerkennung wirklich für das Gegenüber spürbar ist, ist es auch möglich, dass ein Psychotherapeut oder eine Psychotherapeutin mit seinem bzw. ihrem Beziehungsangebot näherkommen darf.

Psychotherapie sollte wie Psychopharmakotherapie ein selbstverständliches Angebot für Menschen mit Psychosen in jedem Stadium ihrer Erkrankung sein. Ebenso selbstverständlich muss es sein, dass wir als die Therapeutinnen und Therapeuten den Menschen mit Psychosen freie Wahl lassen: So wie sie Medikation ablehnen, können sie auch Psychotherapie ablehnen. Wir können uns dann für die Gründe der Ablehnung interessieren, und gut ist es, wenn wir darauf eine Antwort bekommen, und noch besser, wenn wir darüber in den von beiden Seiten gewünschten und dann meist auch aufschlussreichen Diskurs kommen.

Fünf Jahre nach Erscheinen des Manuals »Psychodynamische Psychotherapie der Schizophrenien« (Lempa, von Haebler u. Montag, 2016, 2. Aufl. 2017) veröffentlichen wir mit dem vorliegenden Büchlein eine Überarbeitung in Form einer Kurzversion. Ein »Kochbuch«, welches kondensiert die Anwendungspraxis und deren Bedingungen beschreibt.

Dabei sind Hintergründe und bekannte Definitionen die gleichen geblieben, sodass wir uns in Bezug auf das Thema »Was ist eine Schizophrenie?« und die psychoanalytischen Konzepte kurzfassen können. Eine etwas veränderte Rezeption der vorhandenen Literatur, neue Erfahrungen und wissenschaftliche Erkenntnisse führten zu punktuellen und vor allem auch Formulierungsanpassungen in den Folgekapiteln: Besonderheiten bei Menschen mit schizophrenen Psychosen und das Dilemma der Identität.

Die modifizierte psychodynamische Behandlungstechnik mit Haltung, Gegenübertragung und Werkzeugkasten, die Rahmenbedingungen und der Umgang mit spezifischen Situationen in der Psychosenpsychotherapie konnten durch die Erfahrungen und Erkenntnisse der letzten Jahre aus Praxis und Forschung ergänzt und überarbeitet werden. Zwei zusätzliche und wichtige Aspekte im

Zusammenhang mit Psychotherapie von Menschen mit schizophrenen Psychosen sind die Gruppenpsychotherapie, die in diesem Buch nur kurz erwähnt werden kann, und die Supervision der Psychosentherapien, der ein eigenes Kapitel gewidmet ist.

Menschen mit Psychosen, wie schizophrenen oder bipolar affektiven Störungen, sind häufig schwer oder komplex erkrankt. Nach unserem Verständnis müsste die Antwort auf eine schwere Erkrankung eine gezielte und intensive Therapie für diese Patientengruppe sein. Für Menschen mit Psychosen trifft das im Hinblick auf Pharmakotherapie und psychosoziale Nachsorgeformen zu, nicht jedoch auf alle leitliniengestützten Therapiemöglichkeiten, wie die Psychotherapie.

Im Oktober 2014 wurde die Psychotherapierichtlinie dem wissenschaftlichen Stand angepasst: *Psychotherapie ist für Menschen mit Psychosen in allen Phasen und bei jedem Schweregrad der Erkrankung indiziert.* Eine weitere Änderung der Psychotherapierichtlinie erfolgte Anfang 2016, indem die gleichzeitige Behandlung mit Einzel- und Gruppenpsychotherapie zugelassen wurde. Bei komplex psychisch Kranken bedeutet das die Möglichkeit einer intensivtherapeutischen Behandlung im ambulanten Bereich, was der aktuellen Entwicklung der Versorgung entgegenkommt.

Mit dem Wissen, dass Psychopharmakotherapie unverzichtbar, aber auch nebenwirkungsreich und als alleiniger Therapiebaustein nicht ausreichend ist und dass psychosoziale Hilfe ebenfalls unverzichtbar ist, aber einen anderen Fokus als psychotherapeutisches Arbeiten hat, müssen wir die weitere Integration psychotherapeutischer Kompetenzen anstreben. Dies spiegelt sich in der neu überarbeiteten S3-Leitlinie Schizophrenie wider, in der stationäre und ambulante Psychotherapie deutlich aufgewertet werden, und könnte sich auch in den neuen Komplexbehandlungsmodellen, die derzeit diskutiert werden, abbilden.

Daraus ergibt sich eine längst überfällige Neubewertung sowohl im stationären wie auch im ambulanten (Richtlinienpsychotherapie-) Bereich. Denn bislang gibt es kaum Strukturen, um die große Zahl von Psychosepatienten mit Psychotherapiebedarf qualifiziert zu versorgen: Sowohl stationär wie ambulant ist Psychotherapie für Menschen mit Psychosen ein seltenes Angebot, obgleich auf den Akutstationen der Versorgungskrankenhäuser bis über 50 Prozent der Patienten unter einer Psychose leiden. Die Behandlung in Psychiatrischen Institutsambulanzen kann in den meisten Fällen keine hinreichende psychotherapeutische Behandlung gewährleisten. Im Rahmen der Richtlinienpsychotherapie macht der Anteil der Patientinnen und Patienten mit Psychosen unter 5 Prozent aller Behandelten aus. In nur sehr wenigen psychotherapeutischen Ausbildungsinstituten wird die Therapie von Menschen mit Psychosen gelehrt, sodass die meisten der aktuell ambulant arbeitenden Psychotherapeutinnen und Psychotherapeuten dafür nicht ausgebildet sind. Dieses Kompetenzdefizit bildet sich folglich unmittelbar als Versorgungsdefizit ab. Das mangelnde Angebot von Psychotherapie führt nicht nur zu einem ungünstigeren Behandlungs- und Rehabilitationsverlauf, sondern zieht auch insgesamt negative Konsequenzen für die Behandlungsbereitschaft der Betroffenen nach sich, auch hinsichtlich weiterer (inklusive medikamentöser) Therapiemaßnahmen.

1 Psychodynamik

1.1 Das Konzept des schizophrenen Dilemmas

Überblickt man die psychoanalytischen Theorien zur Schizophrenie, so fokussierte sich das Interesse ausgehend von den Anfängen bei Freud, der 1894 von einer unerträglichen Wunschversagung ausging und dann (1911) eine heute obsolete Hypothese der Abwehr einer homosexuellen Triebregung aufstellte, immer mehr auf die Schwierigkeiten in der Primärbeziehung. Es ging immer mehr darum, wie es in der frühen Interaktion gelingt, dass ein anfänglich unreifer und abhängiger Säugling sich personalisiert, sein Selbst konstituiert und zu einem eigenständigen und beziehungsfähigen Wesen wird. M. Klein (1946) sieht anfängliche primitive Spaltungs- und Projektionsmechanismen in der paranoid-schizoiden Position, die dann durch einen Integrationsprozess in der depressiven Position überwunden werden und so einen adäquaten Realitätsbezug ermöglichen. Bion (1962) schließt an Klein an, er befasst sich damit, wie unerträgliche Eindrücke vom Ich verarbeitet und ausgehalten werden können. Er entwickelt das Konzept des Containing. Die Mutter nimmt unerträgliche Gefühle des Babys auf und verwandelt sie in etwas, was das Baby verarbeiten kann, ohne durch exzessive Projektion den Kontakt zur Realität zu verlieren. Ähnlich beschreibt Winnicott die mütterliche Hilfestellung, um einem Baby den Zugang zur Realität zu ermöglichen. Das Holding der primären Bezugsperson schafft für das anfänglich schwache Ich des Säuglings eine Art Reizschutz, ein sensibles Entgegenkommen ermöglicht ihm, sich als ein Selbst, das Wirkungen ausüben kann, zu konstituieren (Winnicott,

1951). Die Fähigkeit der Mutter, die Aggression des Babys zu überleben und sich nicht zu rächen, ermöglicht es diesem, die Grenzen zwischen Ich und Anderem zu etablieren (Winnicott, 1968).

Ein aktuelles, von vielen Praktikern akzeptiertes Konzept, das ebenso wie die gerade referierten sich mit den Schwierigkeiten in der Primärbeziehung befasst, ist das Konzept des Dilemmas. Es wurde in den letzten Jahrzehnten entwickelt und hat sich als gut nachvollziehbar und hilfreich für das Verständnis und die Behandlung der Schizophrenie erwiesen. In einem Satz könnte man sagen: Es geht dabei um die Fähigkeiten des Ichs bei der interpersonellen Abstimmung, es geht um die Schwierigkeit, man selbst zu bleiben, wenn man zu anderen eine Beziehung eingeht. Das ist die Kernaussage des schizophrenen Dilemmas, wie es von Mentzos (2009) und ähnlich von Benedetti (1998) eingeführt wurde. Bei Annäherung besteht die Gefahr des Identitätsverlusts, man löst sich sozusagen im Anderen auf und wird von Vernichtungsangst überfallen, oder man vermeidet alternativ jeglichen Kontakt und zieht sich zurück, dann droht extreme Isolation, die einen völligen Verlust der Verbindung zu anderen und daraus folgend auch eine Bedrohung der Identität hervorruft. Das Dilemma entspricht also einem rigiden Antagonismus zwischen Ich und Objekt. Das Objekt, der Andere, ist dringend gesucht und gleichzeitig panisch gefürchtet. Es gibt keinen Kompromiss, keinen »Vertrag«, kein Drittes, keine Elemente, die zugleich verbinden und trennen. Dies betrifft die Beziehung zu Mitmenschen, aber auch die Fähigkeit, innere Spannungen und Gegensätze auszuhalten und auszugleichen. Ein Bild für das Dilemma wäre das der Gazelle, die am Verdursten ist und einen Tümpel sieht, in dem sich ein ausgehungertes Krokodil befindet. Der Versuch zu trinken, sich anzunähern, bedeutet tödliche Gefahr durch Gefressenwerden; sich nicht anzunähern, sich zu trennen, bedeutet Tod durch Verdursten. Kurzum: Sowohl Annäherung als auch Trennung bedrohen die Identität.

Betrachtet man die innere Situation von jemandem, der das Dilemma aufweist, so ist die Bedrohung, die durch eine Annäherung oder Trennung entstehen kann, nicht eindeutig lokalisierbar. Kann man selbst durch seine Wünsche und Handlungen Katastrophen auslösen? Ein Bild, das diesen Aspekt beschreibt, ist der Brunnen, aus dem verlockendes Wasser sprudelt, der aber murmelt: »Wer aus mir trinkt, wird ein Wolf.« Damit ist die Angst beschrieben, dass eigene Impulse und Triebhaftigkeit unberechenbare und bedrohliche Folgen haben können, was jegliche Lebendigkeit zu einer tödlichen Gefahr macht und eine völlige Hemmung oder gar stuporöse Blockade erzeugen kann.

Wie entsteht nun dieses Dilemma? Es entsteht durch missglückte Interaktionen in der frühen Kindheit. Wie kann man sich das vorstellen? Ein Dilemma bedeutet ja, dass der Kontakt zwischen zwei Menschen als bedrohlich erlebt wird. Was bei einem Dilemma fehlt, ist eine Art Werkzeug. Man hat keinen Spielraum, um andere an sich heranzulassen, ohne das Gefühl zu haben, dadurch auf eine existenziell bedrohliche Weise verwandelt und zerstört zu werden oder selbst zu zerstören. Nehmen wir das Beispiel Essen: Wir essen eine Pizza, aber wir müssen keine Angst davor haben, dass wir uns dadurch in eben diese italienische Spezialität verwandeln. Warum? Weil wir das Objekt in Bestandteile zerlegen, die wir assimilieren können und die damit keine Fremdkörper für uns sind, sondern etwas, das wir uns angeeignet haben. Etwas Analoges gibt es auch in der Psyche. Ich kann mich von jemandem berühren lassen, weil ich das, was an mich herankommt, so verwandeln kann, dass ich es als mein Eigenes erlebe. Ich habe das Gefühl, dass ich eine Art Kern habe, der unberührt bleibt, wenn ich eine Beziehung zu anderen eingehe. Dies wird dadurch möglich, dass wir innere Strukturen entwickeln. Eine Kernidentität, die als stabil erlebt wird, und Bereiche, die sich ändern können, ohne dass wir dies als Existenzbedrohung empfinden. Bildlich gesprochen, hat man in der Psyche eine Art Vorzimmer, sodass man jemanden an sich heranlassen kann. Man hat einen »psychischen Verdauungsapparat«. Diese inneren Räume oder Strukturen sind an frühe Interaktionen gekoppelt. Was hier zusammengefasst ist, wurde oft schon von den Klassikern der Psychosentherapie vorweggenommen und in anderer Begrifflichkeit ausgedrückt.

Zum einen geht es darum, dass die Impulsivität und Spontaneität eines Babys und Kleinkindes nicht gehemmt, sondern positiv beantwortet werden. Gute Erfahrungen mit Urheberschaft oder Autorenschaft sind dabei offensichtlich entscheidend. Das Baby muss seine Eigenheit leben dürfen und nicht unter dem Druck stehen, eine Kopie dessen zu werden, was andere sich wünschen. Es darf aber auch nicht ins Leere laufen und keine Antwort, keine Resonanz auf seine Impulse und Äußerungen seiner Vitalität erhalten, die durch die ebenfalls notwendige Setzung von Grenzen nicht eingeschüchtert werden darf. Es geht um eine besondere Sensibilität, die erforderlich ist, damit sich ein Ich bilden kann, das sich verbinden und trennen kann, das keine Angst davor hat, auf andere zuzugehen und sie zu etwas zu bewegen, aber auch keine Angst davor, wenn andere auf es zugehen und es etwas tut, was andere von ihm wollen. Man könnte das Bild des neuen Instruments verwenden, das mit jedem Baby auf die Welt kommt, ein einzigartiges Instrument, dessen Ton man willkommen heißt und das man einlädt, einen Platz im Familienorchester einzunehmen und mitzuspielen. Diese Urheberschaft muss gefördert und unterstützt werden, was dann dazu führt, dass die Psyche sich ausdifferenziert, dass innere Bilder entstehen, später Worte, mit denen man der Unmittelbarkeit sozusagen entkommen kann. Ohne diesen Prozess der Symbolisierung, der Bilder, Objekte und Worte entstehen lässt, ist das Baby, das Kleinkind dem Anderen, seiner Anwesenheit völlig ausgeliefert. Es entstehen keine inneren Spielräume, eine psychische Verdauung ist nicht möglich, es entsteht im Extremfall ein Dilemma.

Die Entstehung des Dilemmas bedeutet jedoch nicht, dass irgendjemand schuld daran ist oder sich lieblos verhalten hat. Es kam einfach zu einer problematischen Entwicklung, zu der angeborene Faktoren und Umweltfaktoren im Sinne einer biopsychosozialen Ätiologie beitragen können. Insofern ist das Dilemmakonzept anschlussfähig an andere Paradigmen wie Genetik und Neurobiologie. Es zeichnet sich auch durch Neutralität aus. Es wird nicht voreilig davon ausgegangen, dass etwa die primären Bezugspersonen »ihre Hausaufgaben« nicht gemacht haben. Es ist offen für die multifaktoriellen Ursachen der Erkrankung. Damit haben wir das Dilemma beschrieben und auch erklärt, wie es entsteht.

Erkennt man bei kleinen Kindern, dass sie diese Schwierigkeit in sich tragen? Versucht man in Therapien, die Vorgeschichte zu eruieren, ergibt sich, dass die später Erkrankten auf zu wenige gute Erfahrungen mit konstruktiver Nähe und konstruktiver Abgrenzung und einer flexiblen Handhabung von Polaritäten im Sinne von Kompromissen zurückgreifen können. Selbstständigkeit und Trennung, Nähe und Intimität, aber auch die Konfrontation mit eigenen Fehlern und Schwächen werden als bedrohlich erlebt. Diese Schwierigkeiten können lange verborgen bleiben. Man kann den intensiven Kontakt mit anderen vermeiden durch eine Flucht in Phantasiewelten, durch übersteigerte Intellektualität, durch Rückzug oder durch oberflächliche Anpassung und Anhänglichkeit ohne einen tieferen Austausch. Durch diese Methoden wird sozusagen die zwischenmenschliche Dichte verringert. Krisen entstehen aber dann bei den folgenden Anlässen: Trennung vom Elternhaus, Aufnahme von neuen Liebes- oder anderen Beziehungen, Enttäuschung von lebenswichtigen Idealen, Anforderungen durch Elternschaft oder im Beruf. Es geht dabei fast immer um Schwellensituationen, um Situationen, in denen die psychischen Kompetenzen erforderlich sind, um Nähe und Distanz neu zu regulieren oder sich in einer neuen Situation zu behaupten, also generell darum, das Selbst, seine Bezüge und seine Position neu zu organisieren. Findet sich jetzt kein Ausweg wie Vermeidung oder Rückzug, droht der Ausbruch der akuten Psychose. Ein knappes Fallbeispiel:

Ein junger Mann ist wegen seines Studienbeginns erstmalig in der Fremde. Er hat Wünsche nach Nähe und Verbindung zu anderen und gleichzeitig extreme Angst, dass er sich dabei verliert, dass sein psychisches Überleben bedroht ist.

Denken Sie an das Krokodil und die Gazelle. Das Dilemma wird akut, das Ich kann die Situation nicht mehr bewältigen, es kommt zum Zusammenbruch. Der Verfolgungswahn rekonstruiert nach dem Zusammenbruch des Ichs und aller Bezüge wieder ein abgegrenztes Selbst (den Verfolgten) und ein abgegrenztes Objekt (den Verfolger) und eine Beziehung zwischen beiden. Die mangelnde Fähigkeit des Ichs, auf eine gesunde Weise eine Grenze zwischen Ich und Objekt zu bilden, wird durch die Schaffung eines bedrohlichen Objekts (des Verfolgers) kompensiert. Damit ist aus dem Chaos wieder eine Struktur entstanden, in der Ich und Objekt in Zeit und Raum lokalisierbar und fassbar sind. Dies geschieht allerdings um den Preis des Verlusts der Verbindung zur sozialen, mit anderen teilbaren Realität.

1.2 Repräsentanz und Symbolisierung

Es gibt einen weitgehenden Konsens unter Analytikern, die Psychosen behandeln, dass bei der Psychose die Problematik weniger in der Bedeutung von Ereignissen und Erfahrungen liegt, sondern in der Schwierigkeit, Erfahrungen überhaupt als Erfahrungen des Ichs erleben zu können. Daraus ergibt sich, dass es bei der Psychose primär nicht darum geht, dem Patienten zu helfen, die Bedeutung von Erlebnissen oder Symptomen zu finden, sondern ihm viel grundlegender zu helfen, die Fähigkeit zu erlangen, Erfahrungen, die den Zusammenbruch seines Ichs und seiner Realität verursachten, nun mit intaktem Ich bewältigen zu können. Der Unterschied zwischen diesen zwei Ebenen, der unmittelbar erlebten, wahrgenommenen Erfahrung einerseits und der sprachlich, durch Worte (verbal) repräsentierten Erfahrung andererseits, findet sich bereits bei Freud (1917). Er spricht von der Sachvorstellung oder Dingvorstellung (der unmittelbaren Erfahrung) im Gegensatz zur Wortvorstellung (der Versprachlichung des Erlebens). Psychose bedeutet, dass die Ebene der Sachvorstellungen, der primären Repräsentanz, betroffen ist, dass Ereignisse durch das Ich sozusagen nicht formatiert und damit im Ich als Erfahrungen des Ichs erlebt werden können. Daneben kann auch das Verhältnis zwischen primärer und sekundärer Repräsentation gestört sein, nicht selten sind Patienten hyperintellektuell und haben keinen Zugang zu ihren Affekten, oder sie sind wie hypnotisiert von affektiven Momenten und haben keinen Zugang zur Ebene der Worte.

Der Unterschied zwischen Sachvorstellungen und Wortvorstellungen, primärer und sekundärer Repräsentation, ermöglicht es, den Unterschied zwischen einem Dilemma und einem Konflikt zu verdeutlichen. Bei einem Konflikt ist das Problem im Ich vorhanden, es gibt eine primäre Gestalt des Problems auf vorsprachlicher Ebene. Es gibt Sachvorstellungen, die primäre Repräsentation ist erfolgt. Daraus können Bilder und Worte entstehen und damit ein Spielraum für alternative Lösungen. Man kann einen Ausweg, einen Ersatz, einen Kompromiss finden oder Konfliktanteile projizieren. Bei einem Dilemma kann das Ich den Konflikt nicht auf eine vorsprachliche (primäre) Weise repräsentieren. Die Wahrnehmung der im Konflikt stehenden Tendenzen gelingt nicht mehr innerhalb des Bereichs des Ichs. Die antagonistischen Tendenzen des Dilemmas zerreißen die Einheit des Ichs und erzwingen das Verlassen der Realität, wodurch Konfliktanteile jetzt für das Ich nicht mehr in der Innenwelt vorhanden sind, sondern als psychotisch transformierte Ereignisse in der Außenwelt auftauchen.

Wichtige Bezüge ergeben sich zu neueren Konzepten zum Erleben von Urheberschaft, zum Selbsterleben, zur Entwicklung von Mentalisierung und Metakognition, aber insbesondere auch zu deren Verankerung im Körpererleben. Darauf kann an dieser Stelle kein Bezug genommen werden; wir verweisen auf frühere Arbeiten (Lempa et al., 2016).

1.3 Modifikation der Behandlungstechnik

> »[U]nsere technischen Methoden müssen also durch
> andere ersetzt werden.« (Freud, 1916–17a, S. 438)

Warum ist eine Modifikation notwendig? Die klassische analytische Behandlungstechnik ist im Gegensatz zu der modifizierten nur dann anwendbar, wenn ein verbaler Austausch möglich ist. Einsichtsorientierte Methoden wie in der klassischen analytischen Behandlung setzen eine Realitätsverarbeitung voraus, in der die Fähigkeit zur sprachlichen Repräsentation der Erfahrung vorhanden ist, eine

Zuschreibung von Bedeutungen und die Möglichkeit zur konstruktiven Erfassung des Gesagten wie auch eine gewisse Fähigkeit zur Regulation der Intensität von Gefühlen gegeben sind.

Bei Menschen mit schizophrenen Psychosen fehlt häufig der Spielraum zwischen Ich und Du und zudem der zeitliche Spielraum, der entsteht, wenn zwischen Vergangenem, Jetzt und Später unterschieden werden kann. Damit fehlt die Möglichkeit zur Abmilderung des Erlebens: Geschehnisse oder Aussagen werden als absolut erlebt, so können etwa Aussagen des Therapeuten oder der Therapeutin – manchmal genügt schon die Wiederholung eines vom Patienten selbst geäußerten Satzes – den Patienten ungepuffert treffen, was auf diesen eine erschlagende Wirkung haben kann und die meist vorhandene Angst unaushaltbar verstärkt. Ein Entzerren im Sinne einer Einordnung kann im interpersonellen Raum erfolgen, wird die unterschiedliche Zeitlichkeit und Wahrnehmung zugelassen.

Herr A., vierzig Jahre alt, wird in einem akut ängstlich getriebenen und orientierungslosen Zustand stationär aufgenommen, ein Gespräch mit ihm ist nicht möglich, die Telefaxe, die in seinem Kopf ankommen, sind drängend und lauter. Er sieht im Aufenthaltsraum auf dem Tisch eine ältere Ausgabe der Zeitschrift »Spiegel« liegen, auf welcher ein Atompilz abgebildet ist. Er gerät in eine unermessliche Angst und Panik und rennt über die Station, verzweifelnd schreiend den Weltuntergang ankündigend.

Wahrnehmungen werden dann mit Bedeutungen belegt, um eine Orientierung zu schaffen, die Realitätskriterien bleiben hinter dieser Notwendigkeit zurück. Der innere Weltuntergang liegt in der Vergangenheit, wird aber im Hier und Jetzt als unmittelbar bevorstehend und existenziell bedrohlich erlebt. Die Konstellation eines zugrunde liegenden Dilemmas kann noch nicht besprochen oder einem Einsichtsprozess zugänglich gemacht werden. Im Gegensatz zu einem Konflikt, etwa zwischen Abhängigkeit und Autonomie, der vorbewusst und prinzipiell bewusstseinsfähig ist, kann das Dilemma nur durch eine – präverbale – Neuerfahrung in Echtzeit gelindert werden. Erst dann sind die Voraussetzungen für eine sprachliche (explizite) Reflexion und Deutung gegeben. Die modifizierte psychodynamische Behandlung hat daher im Gegensatz zur klassischen Psychoanalyse zum Ziel:

1. die Verbesserung der Möglichkeiten zur Regulation von interpersoneller Nähe und Distanz sowie Affekten durch zwischenmenschliche Neu-(Modell-)Erfahrung in der therapeutischen Situation;
2. Verbesserung der Fähigkeit zum Erleben (der primären Repräsentanz) von bislang ausgeblendeten (»verworfenen«) Realitäten und Gefühlen;
3. eine Differenzierung emotionaler Zustände und deren Regulation durch Reflexion und Bedeutungszuschreibung (sekundäre Repräsentation);
4. Letzteres unter besonderer Beachtung der Verbindung zwischen emotionalem und leibnahem Erleben und der verbalen Reflexion.

Im Folgenden gehen wir auf die spezifischen Rahmenbedingungen, Behandlungsfoci, die therapeutische Haltung und wichtige Interventionen (den »Werkzeugkasten«) in der modifizierten Psychosenpsychotherapie ein.

2 Rahmenbedingungen

2.1 Setting

Modifizierte psychodynamische Psychosenpsychotherapie kann im Einzel- oder Gruppensetting, ambulant, (teil-)stationär oder als Hometreatment durchgeführt werden. Die Behandlung wird meist im Sitzen durchgeführt, wobei zu beachten ist, dass viele Patienten den Sichtkontakt und eine zumindest mimische Reaktion des Therapeuten oder der Therapeutin als sicherheitsspendend empfinden. Die Wahrnehmung und Modifikation von mimischen, körperlichen und stimmlichen Resonanzprozessen stellt einen Fokus der therapeutischen Arbeit dar. Für den Patienten ist ein dialogisches, antwortendes Gegenüber, das als Person in Erscheinung tritt, wichtig. Das liegende Setting kann nicht nur Ängste und Unsicherheit auslösen, sondern auch eine »leere« Assoziativität und weiteren Realitätsverlust begünstigen, welche in der Psychosebehandlung nicht förderlich sind – hier geht es ja zunächst um die Reetablierung einer konkreten Erlebensfähigkeit und auf das Gegenüber bezogenen Erfahrung, wobei unbewusste Inhalte einer Regulierung zugänglich werden sollen. Trotzdem ist darauf zu achten, dass der direkte Blickkontakt ebenfalls angstauslösend sein kann, etwa wenn der Patient die Mimik des Therapeuten schlecht einordnen kann oder sich als »durchschaut«, »durchbohrt« oder entgrenzt wahrnimmt. Sinnvoll ist es, die Sessel so anzuordnen, dass sowohl Zuwenden als auch Abwenden möglich sind.

Manchmal ist der direkte Kontakt so beängstigend, dass weitere Modifikationen notwendig werden, insbesondere im stationären oder stationsäquivalenten Setting erfordert die initiale Kontaktaufnahme

Flexibilität. Ein Spaziergang oder ein vom Patienten gewählter Ort können entlastend wirken; manchmal helfen der Blick auf etwas Drittes, eine gemeinsame Beschäftigung (die ganz beiläufig oder alltäglich sein kann) oder ein konkret zu lösendes Problem, angstfreier in Kontakt zu treten.

Gruppenpsychotherapie für Menschen mit Psychosen kann ebenfalls auf Grundlage der modifizierten psychodynamischen Psychosentherapie durchgeführt werden. Als einzige oder in Kombination mit der Einzeltherapie zeigen die Erfahrung und erste Untersuchungen einen zusätzlichen Nutzen (von Haebler u. Hesse, 2020). Die spezifischen Vorteile sind eine in der Form aushaltbare (ich bin nur einer von vielen, kann mich rausziehen) und zugleich sehr intensive Bearbeitung des Nähe-Distanz-Dilemmas (interpersonelle Erfahrungen zwischen den Gruppenmitgliedern, zwischen Gruppenmitglied und Therapeuten und zwischen Gruppenmitglied und Gruppe im Ganzen). Auf eine genauere Darstellung muss an dieser Stelle aus Platzgründen leider verzichtet werden.

2.2 Mitbehandelnde – Arbeit im Netzwerk

Menschen mit Psychosen finden häufig keine ambulante Psychotherapie, weil den Patienten, aber auch den Therapeuten die Einbettung in eine unterstützende (und manchmal entängstigende) Struktur fehlt. In multiprofessionellen, aufsuchenden oder intensiv-ambulant arbeitenden Teams sind Psychotherapeuten leider oft unterrepräsentiert. Wiederum sind ambulante oder klinikbasierte Behandlungsstrukturen noch zu wenig mit den Angeboten der Eingliederungshilfe und Teilhabe vernetzt. Arbeiten in Teams und Netzwerken erlaubt eine Aufteilung von Aufgabenbereichen, sodass die einzelne helfende Person nicht überfordert wird und zumindest im Krisenfall auf diese Struktur zurückgreifen kann. Damit werden auch anspruchsvollere Behandlungen umsetzbar. Mit der geplanten Etablierung der Komplexbehandlung und durch die unbedingt zu fordernde Verordnungsfähigkeit von Richtlinienpsychotherapie durch die Psychiatrischen Institutsambulanzen sowie durch die weitere Etablierung von integrierten und Modellprojekten werden sich entsprechende Möglichkeiten hoffentlich zukünftig verbessern. Gleichzeitig sollten die Auswirkungen der Arbeit in Netzwerken auf die Psychotherapie beachtet und reflektiert werden. Innerhalb professioneller Netzwerken besteht, zumindest nach Ersteinwilligung des Patienten, häufig formal keine Schweigepflicht mehr, was die Befürchtung nach sich ziehen kann, dass »alle alles wissen«.

Sinnvoll ist es, wenn sich Patient und/oder Psychotherapeut über diese und ähnliche Fragen klar werden:
- Welche Rolle haben die einzelnen Therapeutinnen und Therapeuten im Netzwerk?
- Wie werden gemeinsame Planungen und Informationsaustausch geregelt?
- Gibt es Anforderungen von außen, die in die psychotherapeutische Beziehung eindringen könnten? (Hier kann es sich um Vorstellungen und Wünsche von Angehörigen oder professionellen Helfern handeln bis hin zu Bewährungsauflagen.)
- Ist es zuträglich, wenn der Therapeut, die Therapeutin an Netzwerkgesprächen, Helferkonferenzen teilnimmt?
- Welche Informationen können dort ausgetauscht werden, welche sollen vertraulich bleiben?
- Welche Informationen werden immer weitergegeben, etwa bei akuter Suizidalität?
- Was passiert bei Notfällen oder in Krisen – gibt es einen Krisenplan?

Manchmal ist es günstiger, wenn der Psychotherapeut eine etwas zurückhaltendere Position einnimmt und alles vermeidet, was den »dualen Raum« (Rom, 2013, S. 125 ff.) gefährden könnte. Absolute Transparenz ist sinnvoll – nichts sollte (von Notfällen einmal abgesehen) ohne Einverständnis des Patienten oder der Patientin geschehen. Kontakte nach außen sollten gemeinsam nachbesprochen werden.

2.3 Angehörige

Ähnliches gilt für den Umgang mit Angehörigen. Während diese unbedingt mit »ins Boot geholt« und bei Bedarf in die Behandlung einbezogen werden sollten, gilt es, den therapeutischen Raum für den Patienten, der einen oft längerfristigen Entwicklungsprozess ermöglichen soll, gegen Anforderungen von außen zu schützen. Insbesondere bei jüngeren Patientinnen und Patienten wird oft ein großer Druck spürbar, kurzfristige Meilensteine (Schule, Beruf …) zu erreichen – hier sollte die Therapeutin zwar unterstützen, aber die Gesamtentwicklung im Auge behalten. Andererseits sollten drohende Polarisierungen, etwa die Tendenz, die Patientin »gegen Angehörige zu verteidigen«, erkannt und vermieden werden. Manchmal ergibt sich auch der Eindruck einer übergroßen Nähe zwischen Elternteilen und erwachsenem Kind. Der Therapeutin sollten die oft dilemmatischen Gründe und Notwendigkeiten einer solchen gewachsenen symbiotischen Beziehung klar sein und auch, dass Individuation ein langsamer Wachstumsprozess ist, der nicht durch Empfehlungen beschleunigt oder durch neue Abhängigkeiten ersetzt werden darf.

2.4 Vorgespräche

Vorgespräche, zum Beispiel im Rahmen der Probatorik für die ambulante Richtlinienpsychotherapie, ermöglichen eine erste Kontaktaufnahme und Einschätzung, ob eine gemeinsame Arbeit möglich ist. Informationen zur Anamnese und Biografie, zu wichtigen Beziehungen, zur aktuellen Behandlungssituation, aber auch zu den Umständen des Erkrankungsbeginns und Verlaufs werden erfragt, soweit dies möglich ist. Wichtig ist zu beachten, dass bei Psychosepatientinnen aufgrund der dilemmatischen Struktur eine detaillierte oder stark strukturierte Anamneseerhebung oft unmöglich ist, da dies als eindringend, überwältigend bzw. emotional überflutend erlebt werden kann. Hier muss die Therapeutin sensibel vorgehen und ihr Interesse eventuell für einen späteren Zeitpunkt aufbewahren. Eine psychodynamische Arbeitshypothese muss manchmal aus Bruchstücken heraus erstellt werden, Lücken in der Anamnese sind vor diesem Hintergrund auch dem Gutachter, der Gutachterin plausibel.

Ein junger Mann berichtet, er sei von einer Frau, mit der er erstmals ein Date hatte, wahrscheinlich um viel Geld betrogen worden. Daraufhin sei er zurück zu seinen Eltern gezogen. Der Vater arbeite als Anwalt und kümmere sich um den Vorgang. In seine eigene Wohnung werde seitdem permanent eingebrochen. Die Nachbarn wüssten über Phantasien Bescheid, die sie nur durch Lesen seiner Tagebücher erfahren haben könnten. Aufgrund der großen Belastung könne er seine Ausbildung nicht fortsetzen.

Der Therapeutin bleibt unklar, wie viel Reales in dieser Schilderung ist und wie viel Erleben in den Bereich der Psychose gehört. Dennoch kann die Hypothese formuliert werden, dass aufgrund einer unbewältigten Autonomieentwicklung/Individuation das Auftauchen erotischer Wünsche das Ich überfordert und zu einer psychotischen Dekompensation geführt hat.

Im stationären, stationsersetzenden oder institutsambulanten Kontext werden teilweise Patienten behandelt, die durch ein formales Vorgespräch oder einen für eine externe Psychotherapie notwendigen Behandlerwechsel überfordert wären. Psychotherapeutische Vorgespräche in der Klinik während einer stationären Therapie sind aktuell noch nicht vorgesehen. Psychotherapien beginnen oft »informell«, können sich beispielsweise aus zunächst überwiegend medizinisch orientierten oder stützenden Terminen in ein Setting mit höherer Frequenz und fester Sitzungsdauer entwickeln. Dies ist häufig eine gute Möglichkeit, den Kontakt zu besonders schwer erreichbaren Patientinnen aufzubauen. Im späteren Verlauf kann später besprochen werden, dass die Arbeit nun einen »psychotherapeutischen Charakter« habe, und weitere Vereinbarungen können folgen.

2.5 Absprachen

Es wurde sicher deutlich, dass der Rahmen von Psychosetherapien teilweise weiter und flexibler sein kann als gewöhnlich. Wichtig ist, dass dies keine Beliebigkeit bedeutet, sondern ein Treffen sehr individueller, aber verbindlicher Absprachen. Dass der Therapeut oder die Therapeutin auch in einem flexiblen Rahmen absolut verlässlich und verbindlich auftritt, versteht sich von selbst.

Um welche Regelungen geht es?

- *Schweigepflicht:* Der Patient sollte aufgeklärt werden, dass der Therapeut der Schweigepflicht unterliegt, während der Patient außerhalb der Sitzungen über diese berichten dürfe. Der Patient darf auch eine Zweitmeinung einholen.
- *Erreichbarkeit außerhalb der Sitzungen:* Diese umfasst nicht nur die Mitteilung von Telefonzeiten, sondern auch das Vorgehen bei Notfällen (z. B. Nutzung des Anrufbeantworters und Rückruf). Viele Therapeuten nennen auch ihre Handynummer und bieten kurzfristige Notfallsitzungen an.
- *Absprachen zu Fehlterminen:* Da einige Patienten den Therapeuten noch nicht stabil repräsentieren können, bietet sich ein »Nachgehen« nach versäumten Sitzungen an, etwa per Anruf, SMS oder Brief. Die Vereinbarung von Ausfallhonoraren sollte unbedingt individuell und vorsichtig (wenn überhaupt) erfolgen, da eine starre Regelung den Patienten anfänglich in seiner Angst vor Nähe überfordern kann.
- *Vorgehen bei drohendem Rückfall:* Einige Patienten verfügen bereits über Krisenpläne mit entsprechenden Regelungen, in die die Psychotherapeutin einbezogen werden kann. Die Therapeutin sollte einerseits nachfragen, welches Vorgehen denkbar wäre, wenn sie das Gefühl bekäme, eine Krise kündige sich an, zum Beispiel könnte sie diesen Eindruck offen ansprechen. Der Patient könnte gegebenenfalls für Entlastung und Entspannung sorgen und auch seine Medikation entsprechend anpassen (lassen). Es kann sinnvoll sein, diese Option vorab zu besprechen, da Krisen mit not-

wendigen Änderungen einer Medikation keineswegs das Scheitern der Psychotherapie bedeuten. Andererseits sollte die Therapeutin berücksichtigen, dass das Antizipieren eines drohenden Rückfalls den Patienten auch in eine ängstliche Erwartungshaltung versetzen oder Selbststigmatisierung fördern kann. Wie offen man über die Rückfallgefahr sprechen kann, hängt von den individuellen Möglichkeiten und Erfahrungen des Patienten ab.

2.6 Krankheitskonzept, Definition von Therapie und Therapiezielen

Die Erwartungen und Vorstellungen, welche Patienten von einer psychodynamischen/psychoanalytischen Therapie haben, sind oft sehr unterschiedlich. Manche Menschen meinen, die Behandlung beschäftige sich nur mit der frühen Kindheit und haben eine fast mystisch aufgeladene Erwartung, dass alle Probleme damit verschwinden würden. Andere wundern sich, warum sie keine konkreten Handlungsanleitungen und Ratschläge bekommen. Wieder andere haben die Sorge, dass die Therapie sie durch Wiedererinnern schmerzlicher Erlebnisse destabilisieren könnte. Es ist daher wichtig, dem Patienten in einer ihm verständlichen Art und Weise die Charakteristika psychodynamischer Therapie nahezubringen und ihn gleichzeitig einzuladen, durch seine Mitarbeit Verantwortung für deren Verlauf zu übernehmen. Wir haben an anderer Stelle eine solche Einladung und Definition der Therapie wie folgt formuliert:

»Psychodynamische Therapie heißt, dass wir uns gemeinsam auf die Suche machen, um herauszufinden, welche Faktoren dazu beigetragen haben, dass Sie in die Krise/Psychose gekommen sind. Es geht darum, dass wir herausfinden, ob Ihre Art, mit Gefühlen oder Ereignissen umzugehen, bei Ihrer Erkrankung eine Rolle spielen könnte. Wir bemühen uns, Muster für die Art und Weise zu finden, wie Sie mit Emotionen – vor allem auch in Beziehungen – umgehen. Wir versuchen zu verstehen, woher diese Muster kommen, und wir beschäftigen uns damit, wie man sie verändern könnte. Das kann dazu führen, dass Sie Probleme besser verarbeiten können, was eine Krise/Psychose abschwächen oder überflüssig machen kann« (Lempa et al., 2016, S. 102).

Thomas Bock hat Krankheitseinsicht und Compliance als die »Höllenhunde am Eingang der Psychiatrie« bezeichnet. Sie haben auch am Eingang zur Psychotherapie nichts zu suchen. Die Krankheitskonzepte psychotischer Menschen, oder besser: ihre Vorstellungen über Probleme und Prozesse, die ihr Leiden verursachen, sind immer individuell und müssen genauer erfragt werden. Es kann hilfreich sein, wenn der Therapeut das Denken in Krankheitskategorien verweigert und sich radikal auf Leidensdruck und Veränderungswünsche der Patienten bezieht. So kann es in der Behandlung darum gehen, die Ursachen und Hintergründe einer explizit so benannten Psychose zu verstehen, Symptome zu lindern oder einen Rückfall unwahrscheinlicher zu machen. Es kann aber auch sein, dass der Patient eine solche Diagnose nicht akzeptiert, aber Problemfelder und Ziele nennt, deren Bearbeitung ebenfalls in Richtung einer Genesung führt. Manchmal haben Patienten aber auch den Wunsch, der Therapeut möge sie unterstützen, eine Diagnose loszuwerden oder innerhalb eines Wahnsystems konkrete Erwartungen zu erfüllen, etwa endlich den Kontakt zur Bundeskanzlerin herzustellen oder eine Anzeige gegen die Nachbarn auf den Weg zu bringen. In solchen Situationen ist es wichtig, unterschiedliche Realitätsauffassungen – und auch die realen Möglichkeiten des Therapeuten – vorsichtig transparent zu machen. Eine Leugnung käme einem psychotischen Abwehrprozess gleich. Ein günstiges Vorzeichen für die Therapie wäre, wenn die Klärung diesbezüglicher Differenzen zunächst aufgeschoben werden kann und dennoch eine Vereinbarung zustande kommt, an festzulegenden erreichbaren Zielen zu arbeiten. Wenn die Formulierung expliziter Ziele dem Patienten schwerfällt, kann der Therapeut seine eigene Arbeitshypothese zur Diskussion stellen. Die Zielvereinbarung kann so einen ersten Schritt in Richtung einer »Triangulierung« darstellen, ein gemeinsames Drittes, auf das man sich immer wieder beziehen kann.

2.7 Handhabung der Abstinenz

Die Abstinenzregel sollte in der Behandlung von Psychosepatienten dem aktuellen Zustand und Bedarf des Patienten oder der Patientin angepasst werden. Es sollte aber gegebenenfalls besprochen werden, dass beispielsweise private Kontakte oder Selbstenthüllungen des Therapeuten ungünstig für den Fortgang der Therapie sind, da diese sich ja auf den Patienten konzentrieren müsse. Gleichzeitig ist es auch wichtig, dem Patienten ein real erfahrbares, antwortendes, dialogisches Gegenüber zu sein. Hier ist eine große Sensibilität des Therapeuten gefordert, eventuelle Abweichungen von der Abstinenzregel reflektiert und auf den Patienten bezogen (und nicht zur eigenen Entlastung) einzusetzen. Antworten auf (ausgewählte) Fragen des Patienten, ein In-Erscheinung-Treten als Person mit Haltungen, Vorlieben und Meinungen oder das konstruktive Zur-Verfügung-Stellen der Gegenübertragung des Therapeuten sind – in abgewogener Weise – wichtig für die Erfahrung eines realen (vs. phantasierten) Gegenübers.

Bereits Mentzos merkt an, dass die Realbeziehung zu einem psychotischen Patienten ebenso große Bedeutung hat wie die Übertragungsbeziehung. Letztlich bildet das Ziel der Neuerfahrung einer realen, nicht dilemmatischen Beziehung den Gradmesser für den Umgang mit der Abstinenz. Dementsprechend ist jedoch unbedingt zu beachten, dass Menschen mit Psychoseerfahrung durch Meinungen, Selbstenthüllungen, Ratschläge und Aktivitäten anderer überflutet werden können und schlimmstenfalls das psychotische Dilemma aktualisiert wird, wobei Rückzug oder unzuträgliche Anpassung resultieren.

Insbesondere bei Behandlungen von noch akut psychotischen Patienten in der Klinik, aber auch im ambulanten Bereich kann es vorkommen, dass supportive Interventionen, praktische Hilfen, Medikationsempfehlungen, körperliche Untersuchungen oder Maßnahmen zur Beherrschung von Notfällen notwendig sind, die als klar nicht abstinent eingeschätzt werden müssen. Die »Fähigkeit, sich verwenden zu lassen« (Winnicott) kann teilweise konkrete Formen annehmen, konkrete Probleme müssen manchmal konkret gelöst werden. Wichtig ist, dass der Therapeut, die Therapeutin hier eine »Dilemma-sensitive« Haltung bewahrt bzw. wiedergewinnt; auch sollten gravierende Abweichungen von Abstinenz und Neutralität mit dem Patienten nachbesprochen werden.

3 Behandlungstechnik

Anstelle von Diagnosekriterien und der Abgrenzung gegenüber anderen Diagnosen werden wir an dieser Stelle die Besonderheiten von Menschen mit einer Schizophrenie benennen, an die sich dann auch die Behandlungsfoci und schließlich die Werkzeuge knüpfen lassen. Bei Menschen mit schizophrenen Psychosen begegnet uns häufig eine psychotische Angst bei einem zugrunde liegenden Identitätsdilemma: die erschwerte Grenzziehung zwischen Ich und Anderen, zwischen innen und außen, eine reduzierte Intentionalität, eine Vermittlungsstörung zwischen Erleben und Erfahrung, die gestörte Verarbeitung der Realität durch Symbolisierung/Mentalisieren, ein gestörtes subjektives Zeiterleben und die übersteuernde oder fehlende Gefühlsmodulation und -regulation.

3.1 Foci der modifizierten psychodynamischen Psychosenpsychotherapie

Hieraus leiten sich folgende Foci der modifizierten psychodynamischen Psychosenpsychotherapie ab. Diese sollte die Therapeutin, der Therapeut im Hinterkopf behalten, ohne dass sie explizit werden müssen. Die Beachtung dieser grundlegenden Themen kann auch in nichtpsychotherapeutischen Begegnungen hilfreich sein.

1. **Dilemmatische Struktur der Beziehungserfahrung**
   kann als Ursache »hinter« den Symptomen gesehen werden, erfordert implizite Beziehungsregulation durch den Therapeuten. Ziel: interpersonelle Neuerfahrung/Modellerfahrung.
2. **Störung der Differenzierung zwischen Selbst und anderem/Umwelt und des Selbsterlebens**
   »Basale Selbststörung«, Schwächung von Ich-Grenzen sowie der Erfahrung von Urheberschaft und Intentionalität, fehlende frühe Kontingenzerfahrungen. Ziel: Balance schaffen zwischen Resonanz und Erleben von Verschiedenheit; verbunden, aber auch getrennt sein können; Aktivität, Ziele und Werte entwickeln.
3. **Störung der primären und sekundären Repräsentation (und deren Wechselwirkung)**
   Fähigkeit, etwas zu *erleben*, Realität/Gefühle/Körper zu erfahren und dies zu reflektieren. Ziel: Re-Etablierung der Sachvorstellung (Erleben zuvor nicht erlebbarer Inhalte), Förderung von Symbolisierung/Mentalisieren, Bedeutung und Sinn.
4. **Störung bei der Emotionsregulation**
   vermehrter Disstress, Emotionsansteckung, Anhedonie, Affektarmut, -vermeidung. Ziel: Gefühle erleben können, ohne überflutet zu werden.
5. **Störung bei der Strukturierung der subjektiven Zeit**
   fehlende Orientierung in der Zeit, damit beeinträchtigte Selbstregulation. Ziel: zeitliche Kontextualisierung, »Zeitstrahl« bis hin zu biografischem Narrativ/Identität im Zeitverlauf.

3.2 Beziehungsgestaltung im psychotherapeutischen Kontext

Wie lässt sich eine gute therapeutische Beziehung zu einem Menschen aufbauen und halten, der ein Identitätsdilemma, also einen noch nicht reflektierbaren inneren Antagonismus hinsichtlich zwischenmenschlicher Nähe und Distanz, in sich trägt? Die Etablierung und der Erhalt der Arbeitsbeziehung sind Basis und auch Ziel der Behandlung zugleich. Dabei muss Ängsten vor zu viel Nähe und vor zu viel Distanz Rechnung getragen werden. Symptome können als funktionale, oft kreative Lösungsversuche einer bislang nicht anders bearbeitbaren inneren Notsituation – des Dilemmas – angesehen werden. Dies anzuerkennen, erfordert Respekt für das individuelle So-Sein des Patienten, und nur Respekt kann dazu führen, dass dieser sich ausreichend sicher fühlt und das Setting wie auch ein Therapieangebot annehmen kann. Schutz- und Abwehrreaktionen, wie ausgeprägter Rückzug, ambivalentes oder gar provokantes oder aggressives Verhalten, können auch häufig unter dem Gesichtspunkt ihrer Funktionalität im Rahmen des psychotischen Dilemmas gedeutet werden. Für Therapeutinnen und Therapeuten kann es wichtig sein, nun nicht ihrer Tendenz nachzugeben, den Patienten »aufzugeben« oder »allein machen zu lassen« oder ihn für nicht therapiemotiviert zu halten, sondern weitere vorsichtige Angebote zu machen.

Das Gleiche gilt für notwendige »Reparaturen« an der Arbeitsbeziehung, die nach unaufgelösten Verwicklungen und Missverständnissen, aber auch nach Vertrauensverlusten durch suboptimal bewältigte Krisen notwendig werden können. Auch hier sollte die Therapeutin, der Therapeut offen bleiben und dem Patienten anbieten, die Situation zu besprechen und gemeinsam zu versuchen, sie zu verstehen.

Kontaktaufnahme und Beziehungsaufbau erfordern Dilemma-bedingt häufig einen langen Atem. Gut ist es, wenn die Psychotherapie in solchen Fällen in interdisziplinäre Behandlungskonzepte integriert werden könnte. Hierdurch wird die erstrebenswerte personelle und konzeptuelle Kontinuität in einer häufig längerfristigen Behandlung möglich. Gleichzeitig kann der dyadische Kontakt auf verschiedene Teammitglieder aufgeteilt und dadurch in seiner Bedrohlichkeit etwas entschärft werden.

Eine »*Dilemma-sensitive*« *therapeutische Haltung*, das *Etablieren eines dualen Raums* und das *Handhaben der Gegenübertragung* sind drei spezifische Grundlagen der Beziehungsgestaltung in der modifizierten psychodynamischen Psychosenpsychotherapie, auf die wir in der Folge eingehen werden.

3.3 Merkmale der psychotherapeutischen Haltung der modifizierten psychodynamischen Psychosentherapie

In der Haltung der Psychotherapeutin sollte sich eine Mischung aus nichtintrusivem Interesse und respektvoller Distanz, das Vermitteln von Perspektive und Hoffnung und ein Verfügen über wirksame Behandlungsmethoden widerspiegeln.

Die Haltung ist die Voraussetzung für eine gelingende Therapie. Sie kann auch von Nichtpsychotherapeuten eingenommen werden und ist somit, wie auch die Handhabung der Gegenübertragung (unterstützt durch feldkompetente Supervision), ein Werkzeug des Teams und anderer Netzwerkmitglieder.

Nur kurz erwähnt werden sollte, dass die hier beschriebene Haltung in der Psychotherapiegeschichte noch nicht sehr lange existiert: Die Asymmetrie mit dem Wissen, das beim Psychotherapeuten lag, der auch die Deutungshoheit hatte, entsprach einer Haltung, die für Menschen mit schizophrenen Psychosen nicht immer hilfreich war. Solange dem Krankheitsverstehen ein Defizitmodell zugrunde liegt, erscheint die Therapie häufig chronifizierend und wenig ermutigend für Menschen mit einer Psychose. Erst die Etablierung einer symmetrischeren Haltung ermöglicht eine Zusammenarbeit. Die Haltung, die die Funktion in der Dysfunktion (Mentzos, 2009), also den

Wahn als kreative Leistung bei einem akuten Dilemma, erkennen kann, erlaubt Respekt und somit, dass der Therapeut oder die Therapeutin für den Patienten zu einem authentischen Gegenüber werden kann.

Die Merkmale psychotherapeutischer Haltung fassen wir wie folgt zusammen:

1. *Offenheit*: bedeutet einen bewussten Verzicht auf Ziele, die vor einer Begegnung mit einem Menschen mit Psychose definiert wurden. Denn es kann nicht darum gehen, dem Patienten zu erklären, was der Therapeutin gerade prioritär scheint, sondern die Bedürfnisse des Patienten und dessen drängende Fragen sollten im Vordergrund stehen. Unerwartete Entwicklungen und Ideen dürfen einen Raum bekommen, der nicht entstünde, wenn die Ziele im Vorfeld der Begegnung vom Therapeuten festgelegt würden. Häufig bedingt die fast immer begrenzte Zeit der Therapeutin ein Effektivitätsdenken, und allein dies kann bereits den therapeutischen Raum zunichtemachen. Eine tatsächliche Offenheit ermöglicht erst die Begegnung mit einem Menschen mit Psychose. Eine normative Überlegung, eine Vorstellung oder auch nur eine einengend kommunizierte positive Erwartung hingegen können den Kontakt unter Umständen sofort abbrechen lassen.
2. *Festigkeit*: Menschen mit Psychosen sind häufig immensem inneren und auch Druck durch die Außenwelt ausgesetzt. Der Arbeitsplatz, die Eltern, die Partnerschaft, die Wohnung, der Lebenslauf, all das fordert eine Anpassung eines Menschen, die für Psychoseerfahrene oft Selbstverlust bedeutet und damit bedrohlich ist. Wenn die Therapeutin es vermag, den äußeren Druck zu verringern, und demgegenüber das Setting bekräftigt und verlässlich einhält, besteht eine Chance für den Aufbau einer positiven Beziehung. Durch Benennen von Rahmenbedingungen kann ein geschützter Raum angeboten werden, in welchem ein Mensch mit Psychose selbst entscheiden kann, wann er sich dem therapeutischen Kontakt auszusetzen bereit ist. Ein definiertes Setting signalisiert auch die Bereitschaft der Therapeutin, sich einzulassen,

und vermittelt Respekt und Interesse am Patienten. Nur in einem so geschützten Raum kann sich der Patient auf das interpersonelle Wagnis der Therapie einlassen. Auch dem Patienten gegenüber sollte die Therapeutin das Setting beschützen und dessen Wichtigkeit darlegen. Erst eine konsequente Haltung der Therapeutin führt dazu, dass der Mensch mit Psychose sich ausreichend sicher fühlt, um das Therapieangebot anzunehmen.

3. *Authentizität:* Authentisch ist es, die Position des Wissenden und Überlegenen zu relativieren. Das Einnehmen einer starren oder gar Expertenrolle kann die sensible Beziehung sofort abbrechen lassen und weiteren Kontakt verhindern oder erschweren. Als therapeutische Eigenschaft ist hier die Fähigkeit gefragt, dem Anderen ein menschliches Gegenüber zu sein. Gefühle der Ohnmacht oder ungelöste Fragen werden aufseiten der Therapeutin oder des Therapeuten durchaus häufig existieren, sie müssen jedoch ausgehalten und reflektiert werden.

4. *Spürbares Interesse am Gegenüber:* Die hier gemeinte Neugierde unterscheidet sich deutlich vom Abfragen eines Fragenkatalogs. Spricht der Patient beispielsweise nicht, so können es Handlungen oder Äußerlichkeiten sein, die mit Geduld und Vorsicht klärend erfragt werden. Es geht um das Signalisieren von spürbarem Interesse an dem tatsächlichen Geschehen sowie um einen Weg zum Verständnis unverstandenen Erlebens, häufig auch für den Betroffenen.

5. *Selbstfürsorge:* Supervision, Intervision und/oder die Arbeit in einem Team sind unbedingt notwendig. Die Therapeutin muss auch in schweren Zeiten der Therapie etwas abgewinnen können – nach Winnicott: »To keep alive, to keep awake, to keep sane.« Verstrickungen in einer Therapie, Ratlosigkeit oder bislang unbekannte Gegenübertragungsgefühle können am besten mit einem Blick von außen gelöst werden. Nur so kann man der Komplexität der Psychosepatienten und der meist länger andauernden psychotherapeutischen Beziehung und sich selbst als Therapeutin oder Therapeut gerecht werden.

3.4 Handhabung der Gegenübertragung

Als Gegenübertragung bezeichnet man die Reaktion des Therapeuten auf den Patienten. Sie enthält einen Anteil aus der Vergangenheit des Therapeuten. Seine Konflikte färben selbstverständlich die Art und Weise, wie er auf seinen Patienten reagiert. Dies ist eine Aufgabe für die Reflexion und Selbstanalyse und soll jetzt nicht weiter behandelt werden. Hier soll es um die Gegenübertragung gehen, die sich aus dem schizophrenen Dilemma ergibt. Dieses erschwert oder macht es unmöglich, man selbst zu bleiben, wenn man mit anderen eine Beziehung eingeht. Deswegen ist die Aufnahme jeder Beziehung und darum auch die zum Therapeuten mit Verunsicherung und Ängstlichkeit verbunden. Die Therapie ist etwas Neues, ein neuer Kontakt, der sowohl gewünscht als auch gefürchtet ist. Das Dilemma beginnt sich zu aktualisieren, und daraus ergeben sich Versuche – in denen sich auch vergangene Beziehungserfahrungen widerspiegeln –, diese Bedrohung zu reduzieren, die gefürchtete Begegnung mit dem anderen abzumildern und zu umgehen. Dies kann auf vielerlei Weise geschehen, einige der häufigsten Konstellationen sollen im Folgenden beschrieben werden.

Nähe und Distanz: Es kann eine zu große Nähe entstehen, Patient und Therapeut verwandeln sich in Spiegelbilder, die Bewegungen sind synchron. Ein anderes Beispiel: Ein Patient lobt die Therapie, sie helfe ihm unglaublich, sagt er, ohne dass der Therapeut irgendeine Idee hätte, worauf er sich dabei beziehen könnte. Ein Gegenüber, ein Anderer, ist praktisch verschwunden, die Alterität ist eingeschränkt oder verloren gegangen. Es können im Extremfall Gefühle und Situationen der Ungetrenntheit und Fusion entstehen. Das Gegenteil ist die zu große Distanz. Der Patient verschließt sich, sagt nichts oder nur Undeutliches, man kommt nicht an ihn heran. Er redet ohne Unterlass, man wird niedergewalzt. Er stöhnt gelangweilt oder schaltet spürbar auf Durchzug. Extreme Abweisung macht sich breit. Im Extremfall entstehen Gefühle, dass der Therapeut nicht für den Patienten existiert oder der Patient nicht für den Therapeuten. Eine Art Besetzungsentzug findet statt.

Dissoziation zwischen Affekt und Intellekt: In der therapeutischen Beziehung kann alles sofort hoch emotional werden, es entsteht keinerlei Raum für einen übergeordneten Standpunkt, und wäre es auch nur der, dass man sich einigt, worüber man sprechen will. Alles ist Aufregung, Irritation, Störung und führt zu vehementen Reaktionen. Andererseits können Emotionen praktisch verschwunden sein. Alles spielt sich auf der intellektuellen Ebene ab, Theorien, Konzepte und Überlegungen überschwemmen »hyperreflexiv« die Therapie. Der Therapeut kann sich zunächst herausgefordert fühlen, ebenfalls zu intellektualisieren, aber letztlich entsteht ein quälendes Gefühl der Irrealität, Leblosigkeit oder Müdigkeit.

Chaos und Kontrolle: Es entsteht eine chaotische Situation, in der jeglicher Zusammenhang verloren geht. Äußerungen sind unverbunden, widersprechen sich oder befinden sich offensichtlich auf unterschiedlichen Zeitebenen. Nicht nachvollziehbare Begründungen tauchen auf für nicht nachvollziehbare Sachverhalte. Es entstehen Taumel und Schwindel bis hin zur Übelkeit. Andererseits kann die Therapie sich in eine Art Zwangssystem verwandeln, nichts darf stören oder aus der Reihe tanzen. Der Therapeut hat Angst, etwas zu sagen, weil er eine Extremreaktion wie Ausbruch einer Psychose, Therapieabbruch oder Suizidalität befürchtet.

Entwertung und Idealisierung: Der Therapeut kann sich und seine Arbeit als völlig nutzlos oder gar schädlich empfinden, oder er entwertet den Patienten, der einfach nicht mitarbeiten will oder der ihm völlig ungeeignet und zu krank für eine Psychotherapie erscheint. Der Patient kann Verachtung ausdrücken, den Therapeuten so behandeln, als wäre er ein Versager oder zu wenig intelligent oder zu wenig einfühlsam. Andererseits kann der Therapeut voller Bewunderung fast in die Knie gehen in Anbetracht der Kreativität und der Fähigkeiten seines Patienten, sich nicht anzupassen oder sich über alles zu stellen und sich durch nichts berühren zu lassen. Der Therapeut kann sich als den einzigen Retter und Helfer des Patienten sehen, als einzigen wahren Helden in einer Umgebung von anderen weit weniger kompetenten Professionellen, die allesamt den Patienten nicht verstehen und ihn falsch behandeln.

Hektik und Lähmung: Die Gegenübertragung kann sich auch auf einer körperlichen Ebene abspielen. Es entstehen Situationen der Hektik und des Getriebenseins, als müsste man sofort weiter und dürfte nichts in Ruhe an sich heranlassen und in Ruhe betrachten. Als müsste man sofort einen neuen Impuls setzen, einen neuen Vorschlag machen. Als gäbe es keine Zeit, sondern der einzige und letzte Zug müsste um alles in der Welt, und zwar sofort, erreicht werden. Andererseits kann sich eine Situation der Lähmung und des Stillstands einstellen, die Zeit bleibt quasi stehen, alles wird schwer und jede Bewegung und auch jeder Gedanke erfordert eine enorme Anstrengung.

Damit wurden einige Situationen beschrieben, die man als Psychosetherapeutin oder Psychosetherapeut unbedingt erkennen sollte. Im Wesentlichen geht es darum, dass man »Dilemma-sensitiv« vorgeht, dass man sowohl sein eigenes Erleben als auch die therapeutische Situation wahrnimmt, auf dilemmatische Beziehungskonstellationen hin untersucht und sich dessen gewahr wird, wenn sich eine solche Schieflage, die das Dilemma reproduziert, einstellt.

Der erste Schritt dabei ist die Wahrnehmung eines noch gar nicht weiter fassbaren Erlebens, eines Affekts, einer körperlichen Sensation. Irgendetwas ist, es stimmt nicht oder stimmt viel zu sehr. Das »Scannen der Gegenübertragung« hat sozusagen einen Befund erbracht. Der nächste Schritt ist die Symbolisierung und Repräsentation (man könnte an Bions Alpha-Elemente denken). Die Therapeutin versucht, die Beziehung zu fassen, dafür Bilder zu finden, wie oben schon angedeutet. Die Therapeutin könnte sich dabei auch anderer Medien bedienen wie Musik, Malerei oder Tanz, um die dilemmatische Situation auszudrücken, sie in einer Metapher zu beschreiben, sie zu vergegenständlichen. Konkret könnte sie versuchen, die dilemmatische Verwicklung durch ein gemaltes Bild darzustellen. Vielleicht taucht vor ihren Augen das Bild einer Schlange und eines Kaninchens auf. Sind diese beiden Schritte vollzogen, ist der Wiederholungszwang außer Kraft gesetzt. Die Situation hat sich transformiert in eine Aufgabe, in ein fassbares Problem, das in einem weiteren dritten Schritt gedacht und reflektiert werden kann (in Bions Terminologie entsteht jetzt ein Denker). Die

Therapeutin kann jetzt die Situation verändern, sie kann die Polarisierung, die sich eingestellt hat oder sich einzustellen droht, reflektieren und aktiv werden, um sie zu verändern und zu regulieren und nicht in ein anderes Extrem zu verfallen.

Ohne diese Arbeit an der Gegenübertragung, deren logische Schritte gerade beschrieben wurden, droht ein abruptes, nicht hilfreiches Reagieren. Bei zu großer nicht realisierter und reflektierter Nähe wird man den Patienten irgendwann zurückstoßen, bei zu großer nicht reflektierter Distanz resignieren oder intrusiv werden. Realisiert und reflektiert man nicht die eigene Verlorenheit, die bei einem abweisenden Patienten entsteht, könnte man zu persönliche Dinge erzählen, um einen Kontakt heraufzubeschwören. Gelingt es, die Situation und den eigenen Anteil, die eigene Gegenübertragung, wahrzunehmen und zu durchdenken, hat man als Therapeutin, als Therapeut einen Spielraum, um die Einseitigkeit ohne einen Umschlag ins Gegenteil wieder aufzuheben. Das ist nicht immer einfach: wenn zum Beispiel eine Patientin den Therapeuten als Feind erlebt und ihm aus heiterem Himmel eiskalt massive Vorwürfe macht. Jetzt kommt es darauf an, den Angriff zu überleben. Das heißt, sich nicht zu rächen, nicht auf irgendeine Weise zurückzuschlagen, offen oder durch Abweisung oder indem man die Patientin innerlich fallen lässt. Überlebt ist der Angriff nur, wenn man durch Arbeit an der Gegenübertragung und Reflexion versteht, warum die Patientin so reagiert; vielleicht ist es ihre einzige Art, um Distanz herzustellen, und wenn man seine eigene Reaktion versteht, den Schock und die Kränkung, plötzlich so angegriffen zu werden, nachdem man sich doch so um die Patientin bemüht hatte. Dadurch wird es möglich, ohne in Extreme zu fallen (Zurückschlagen oder Unterwerfung), einen konstruktiven Kontakt zur Patientin nicht abreißen zu lassen oder wieder aufzunehmen.

Wichtig ist es auch, keine Angst davor zu haben, dass man vom Patienten verwendet oder irgendwie eingespannt wird: wenn man zum Beispiel immer wieder und ohne dass ein Ende in Sicht wäre, etwas sagen soll, was ihn beruhigt. Auch hier hilft die Bearbeitung der Gegenübertragung, ohne die man irgendwann einen Befreiungsschlag starten würde, der die Therapie nicht weiterbringt, oder weiter »mitspielt«, sich aber innerlich vom Patienten verabschiedet. Durchdenkt man die Situation, kann wiederum Spielraum für ein kreatives Agieren entstehen.

Die Arbeit an der Gegenübertragung ist während des gesamten Therapieverlaufs notwendig. Wichtig ist es, nicht perfekt zu sein. Man würde den Patienten nicht kennen lernen, wenn man nicht mit ihm in diese Schwierigkeiten, die ja die Geschichte seiner Beziehungen reproduzieren, hineingeät. Gelingt es, sie einigermaßen zu bewältigen, ist die Basis für produktive therapeutische Arbeit gegeben.

3.5 Eröffnen eines therapeutischen Raumes

Schizophrene Patienten kommen häufig mit einer tiefgreifenden Angst in die Behandlung, da ein neuer interpersoneller Kontakt immer eine Aktualisierung des Dilemmas und damit einen drohenden Selbstverlust bedeuten kann. Ein (latentes) Dilemma kann oft erst nach einiger Zeit spürbar und erkannt werden. In den Begegnungen mit den Patienten kann anhand der Reflexion der Gegenübertragung die Aktualisierung eines Dilemmas beim Patienten erkannt werden. Es wird auch spürbar, ob ein Raum mit zwei Personen zu eng ist. Hier kann etwas Drittes besonders hilfreich sein, wenn die Worte fehlen, wenn das Erlebte nicht ausgedrückt werden kann, die Zweierkonstellation zu eng ist. Das kann ein Thema außerhalb des therapeutischen Kontextes, vor allem aber außerhalb des Dilemmas sein, etwa der Blick aus dem Fenster, auf ein Gemälde oder ein gemeinsames Tun. Die ersten Begegnungen müssen daher nicht unbedingt in Praxisräumen oder in der Klinik stattfinden, es kann durchaus auch an einem dritten Ort oder im Klinikgarten sein, wenn die Patientin oder der Patient zu viel Angst vor einem geschlossenen Raum hat, zu unruhig ist, rauchen muss oder Ähnliches. Im ambulanten Setting zum Beispiel kann der Patient auch entlastet sein, wenn er nach einem anstrengenden Weg zur Therapie in einen ruhigen Praxisraum eintritt. Bei der Gestaltung im Raum kann der Therapeut gut auf den Patienten eingehen, beispielsweise in der Anordnung der

Stühle oder stehen statt sitzen. Der therapeutische Raum zeichnet sich nicht durch äußere Merkmale aus, sondern durch das Installieren eines möglichst sicheren Raums, in dem zwei Menschen sich begegnen können, die in der gemeinsamen Arbeit auf den jeweils anderen angewiesen sind, bei denen das Wissen auf beide Seiten verteilt ist, und in welchem eine Koexistenz der Widersprüche möglich und aushaltbar ist.

Im (Richtlinien-)Psychotherapiesetting ist es notwendig, um der Nähe-Distanz-Problematik der dilemmatischen Konstellation Rechnung zu tragen, gemeinsam mit der Patientin oder dem Patienten über den äußeren Rahmen zu verhandeln (siehe oben), die Patientin kann sich als gestaltendes Gegenüber einbringen.

3.6 Die Modellerfahrung

Als Modellerfahrung könnte man jede noch so geringe Überwindung des Dilemmas bezeichnen. Das fängt bei einem schwer kranken Patienten damit an, dass es gelingt, über einfachste Dinge zu sprechen, geht weiter zu Situationen, in denen eine neue positive Nähe möglich wird, wenn plötzlich gemeinsame Projekte auftauchen oder sich echter Humor entwickelt. Dazu gehören Momente der gesunden Abgrenzung eines Patienten, der zum Beispiel eine Kritik oder eine andere Meinung gegenüber seiner Therapeutin vertreten kann, ohne dabei auf eine übertriebene oder wahnhafte Einschätzung der Situation zurückzugreifen. Schließlich gibt es manchmal recht eindrückliche Momente, die zu spürbaren Veränderungen in der Beziehung führen. Hier kann ein Patient beispielsweise die Erfahrung machen, dass seine Sicht oder seine Meinung für die Therapie und die Therapeutin wirklich relevant wird, dass er es ist, der die Therapie voranbringt, weil er beispielsweise der Therapeutin klarmachen kann, was in einer bestimmten Situation notwendig gewesen wäre. Einfach gesagt, lernt die Therapeutin vom Patienten. Im Zusammenhang mit solchen Begegnungen, in denen echtes Vertrauen entsteht, kann man als Therapeutin oder Therapeut das erste Mal – manchmal nach Jahren – das Gefühl haben, dass man wirklich mit seinem Patienten (Winnicott würde vielleicht sagen, mit seinem wahren Selbst) gesprochen hat. Dabei glückte wohl etwas in einem zweiten Anlauf auf eine konstruktive Weise, was in der Primärbeziehung gescheitert ist und so zur Ausbildung des Dilemmas beigetragen hat. Diese Situationen kann man nicht aktiv herbeiführen. Sie müssen sich ergeben, was man allerdings bemerken und nutzen muss. Wenn die Arbeit an der Gegenübertragung einigermaßen gelingt, kann man darauf vertrauen, dass sich solche Situationen, in denen eine positive Begegnung möglich wird, wieder einstellen werden, man muss also keine Angst davor haben, dass der letzte Zug abgefahren ist, wenn es einmal misslingt. Vielleicht ist es auch wichtig, dass wir unseren Patientinnen und Patienten vertrauen. Dafür ein Beispiel:

Herr O. hat seit seiner Kindheit Angst vor seiner Expansivität und Lebendigkeit. Dies hat zu einer extremen Spaltung geführt zwischen einem überscharfen und auch hoch entwickelten Intellekt und einem unbekannten Kontinent, den man nur unter Lebensgefahr betreten kann, da hier völlig unberechenbare Affekte und Triebe drohen. Situationen, die diese Sichtweise bestätigten, wurden wiederholt gemeinsam besprochen. Ein von beiden so empfundener Markstein in der Behandlung sind aber nicht diese sicherlich sinnvollen Einsichten, sondern eine Situation, in der sich das Dilemma aus der Primärbeziehung innerhalb der therapeutischen Situation aktualisierte. Herr O. berichtet von einer der Therapeutin durchaus riskant erscheinenden Unternehmung. Die Therapeutin macht sich Sorgen und verspürt den Impuls, sofort einzugreifen. Etwa so: »Was machen Sie da, das könnte zu einem Rückfall führen.« Es gelingt ihr aber, dieses abrupte Reagieren zu vermeiden, da zumindest vage in ihr eine Ahnung aufsteigt, dass man jetzt an einem wichtigen Punkt angelangt sei, an dem man nicht vorschnell reagieren sollte. Es geht zu dem Thema etwas hin und her. In die nächste Stunde kommt Herr O. in Rage und voller Vorwürfe über die ängstliche Therapeutin, das hätten Bekannte bestätigt, in einem Traum sei im Therapieraum ein ziemlich unschönes Durcheinander gewesen. An dem Thema wird weitergearbeitet. Die Therapeutin hält es für möglich, dass sie vielleicht zu vorsichtig war. Sie bestätigt den Vorwurf des Patienten. Ja, man könne sagen, sie habe sich auf die gleiche Weise verhalten, die er in der Primärbeziehung kritisiert hatte. Aber dennoch, ganz Unrecht habe sie vielleicht doch nicht. Jetzt überlegt auch Herr O. und kann eigene Zweifel äußern, bleibt aber bei seiner Entscheidung.

Das Wesentliche an dieser Begegnung ist, dass das Dilemma sich darstellen konnte: Es wurde auf der Ebene der Sachvorstellungen, der primären Repräsentanz, in Echtzeit repräsentiert. Es gelang sozusagen, Sauerstoff in den Antagonismus hineinzubekommen. Es entstand eine Beziehung, in der sowohl Trennung als auch Verbindung, sowohl Angriff als auch Verteidigung ihren Platz haben durften. Und es entstand ein stabiles Vertrauen.

3.7 Der Werkzeugkasten

Zur Veranschaulichung sowohl der Modifikationen, der Besonderheiten wie auch der Abfolge einer psychotherapeutischen Behandlung von Menschen mit Psychosen haben wir einen Werkzeugkasten erstellt, der, anders als ein Manual, die Möglichkeit bietet, auf den aktuellen Zustand des Patienten oder der Patientin einzugehen. Bei Menschen mit Psychosen kann es immer wieder, innerhalb einer Sitzung oder auch später in der Therapie, zu einer plötzlichen Änderung in der Stabilität der Ich-Organisation kommen. Wenn das Dilemma akut ist, die Grenze zwischen dem Selbst und dem Anderen nicht mehr sicher gezogen werden kann und die Gefühle überschwemmend sind, dann sind Werkzeuge notwendig, die wir unter »gelebte Interpersonalität« aufgeführt haben. Mit dem Einsetzen dieser Werkzeuge kann eine Wiederherstellung der Ich-Funktionen erreicht werden. Zudem wird ein alternatives Beziehungskonzept angeboten, mit dem Ziel einer nicht dilemmatischen Modellerfahrung von Beziehung.

Geht es um weniger kritische Themen oder ist die Ich-Organisation stabiler, kann bei verstandener Interpersonalität das Werkzeug der klassischen psychodynamischen Psychotherapie eingesetzt werden. Das Ziel ist hierbei eine Narrativbildung und die dafür notwendige Rekonstruktion, die bestenfalls die psychotische Reaktion überflüssig werden lässt. Der Werkzeugkasten erfordert eine fortlaufende Einschätzung des Patienten und seiner Ich-Funktionen zur Bestimmung der Phasenzugehörigkeit und damit der Werkzeugauswahl, die aber letztlich zunehmend intuitiv erfolgt. Ziel ist es nicht, den Werkzeugkasten durchzuarbeiten, sondern mit dem Patienten zu einem in der Situation erreichbaren Ziel zu kommen, was durchaus nur die gelebte Interpersonalität sein kann. Später ist es allerdings oft möglich, strukturelle Änderungen zu erreichen und in der »Konflikt«-Ebene zu arbeiten.

Der idealtypische Verlauf ist der, dass zu Beginn einer Psychotherapie mehr an der Modellerfahrung und am Ende der Therapie mehr einsichtsorientiert an einem expliziten Verständnis aktueller Probleme und an einem Narrativ der Biografie gearbeitet wird, doch kann auch zum Ende der Therapie etwa bei Belastungen von außen oder bei schwierigen Themen die Arbeit mit den Werkzeugen der gelebten Interpersonalität immer wieder nötig werden. Den Versuch, einen idealtypischen Ablauf aufzuzeigen, hat Lempa (2021) vorgenommen, er beschreibt hier als Schritt 1 die Installierung eines therapeutischen Raumes als die Aufnahme »diplomatischer Beziehungen«, im Schritt 2 die vorsichtige Erkundung der Probleme, im Schritt 3 das Einstellen einer hilfreichen emotionalen »Betriebstemperatur« für positive Neuerfahrungen und im Schritt 4 die Abmilderung des Dilemmas durch Modellerfahrungen. Der letzte Schritt besteht dann in der verstandenen Interpersonalität und der Rekonstruktion der Biografie.

In der folgenden Übersicht des Werkzeugkastens sind Begriffe aus verschiedenen psychodynamischen Theorien enthalten. Bei den aufgeführten Interventionen handelt es sich um eine Auswahl, allerdings jener, die wir für charakteristisch halten.

Nicht in der Tabelle aufgeführt, aber als erster Schritt absolut notwendig ist die Etablierung eines therapeutischen Raumes, des »dualen Raums« (Rom, 2007).

3.8 Einzelinterventionen der modifizierten psychodynamischen Psychosenpsychotherapie

Gelebte Interpersonalität – Etablierung primärer Repräsentation

Werkzeug	Definition	Fallbeispiel
Urheberschaft/Alterität ⇔ Resonanz/Attunement		
Umgang mit verschwimmenden Ich-Grenzen	Zuordnung von Gedanken, Gefühlen, Erlebnissen zu Patient, zu Therapeut oder anderen Personen. Betonung der Perspektivität von Erfahrung. In der Benennung eigener Gedanken und Gefühle zeigt der Therapeut auch, dass es ein »wie ich« und ein »verschieden von mir« gibt und nebeneinander geben darf. Der Therapeut gibt auch zu erkennen, was er weiß und was er nicht weiß, dass die mentalen Prozesse des Patienten für ihn nicht transparent sind.	Herr A. fragt immer wieder, ob ein im Raum erlebtes Gefühl oder ein Gedanke von ihm selbst oder vom Therapeuten stammen. Der Therapeut reagiert transparent, indem er zur Verfügung stellt, was er empfindet, und den Kontext erfragt, wenn es um Gedanken/Gefühle des Patienten geht. Frau B. geht davon aus, dass dem Therapeuten ohnehin alles bereits bekannt sei, was in ihr vor sich gehe. Der Therapeut nennt eine Reihe von diesbezüglichen Hypothesen. Die Patientin ist überrascht, wie wenig davon zutrifft.
Fördern des Erlebens von Urheberschaft	Der Therapeut gibt keine Ratschläge, sondern fragt nach den Lösungsoptionen, die der Patient sieht. Er fördert aktives Tun des Patienten. Er gibt zu erkennen, dass der Patient ihn in seinem eigenen Denken und Erleben beeinflussen kann, dass der Patient ihn berührt,	Frau M. überzieht die Therapeutin immer wieder mit unzutreffenden Anschuldigungen. Die Therapeutin reagiert emotional und äußert, wie sehr sie das persönlich verletze. Nun erst bemerkt die Patientin, was sie in ihrem Gegenüber be-

50 | Behandlungstechnik

	dass er bestimmte Gedanken oder Gefühle auslöst, dass er etwas bewirken kann.	wirkt hat; zuvor hatte sie sich angesichts einer scheinbar überlegenen, »professionellen« Therapeutin ohnmächtig gefühlt. Die Beleidigungen hören auf.
Förderung von interpersoneller Resonanz/Attunement	Impliziter Abgleich von Mimik, Gestik – kein betontes Mimikry –, aber vorsichtiges Fördern von Blickkontakt, des gemeinsamen Erlebens und Ausdrucks von auftretenden Emotionen. Diese können benannt werden, müssen es aber nicht. Bei Patienten mit formaler Denkstörung können rhythmisches »turn-taking« (eine ausgewogene, reziproke Verteilung der Sprecherposition zwischen Patientin und Therapeutin) oder Erleben von emotionaler Resonanz beim Betrachten eines »Dritten« wichtige Ziele sein.	Ein stark wahnhafter Patient fühlt sich von seiner Frau vergiftet und bedrängt die Therapeutin, bei ihm eine toxikologische Untersuchung durchzuführen. Diese fühlt sich gelähmt und abgestoßen, weil sie dem Drängen nicht nachkommen will und kann. Sie äußert: »Da sind Sie ganz schön in Not geraten, oder?« Beide teilen einen gequälten, bedauernden Gesichtsausdruck, und plötzlich kann die Anspannung weichen; auch die folgende Entlastung wird für beide spürbar.
Aufrechterhalten einer Balance von Resonanz und Alterität	Der Therapeut achtet auf ein ausgewogenes Verhältnis von dem noch als bedrohlich erlebten Gemeinsamen und Äußerungen von Verschiedenheit und Abgrenzung. Brüche in einer Synchronizität ermöglichen Neuerfahrung. Er stellt sein eigenes Erleben von Resonanz bzw. Alterität implizit und gegebenenfalls explizit und in der Wiederholung immer wieder zur Verfügung. Eine Zunahme der Flexibilität zwischen den Positionen »ganz bei mir« und »ganz beim Anderen« kann der Abmilderung eines Dilemmas dienen.	Frau D. orientiert sich sehr an der Therapeutin, gleicht alle erlebten Gefühle ab, ob die Therapeutin diese auch so wahrnehmen würde, sieht sie immer intensiv an und scheint ganz in dieser Zweisamkeit aufzugehen. Die Therapeutin verspürt eine Angst vor zu großer Nähe und darin als Behandlerin zu verschwinden. Sie markiert daher die Momente, in denen sie andere als die erwarteten Gefühle empfindet, und teilt sie der Patientin mit. Sie dosiert quasi ihre Intervention, achtet auf die Reaktion der Patientin, die nach einer Weile

Gelebte Interpersonalität – Etablierung primärer Repräsentation		
Werkzeug	Definition	Fallbeispiel
Interventionen zur impliziten Regulation von Beziehung		nicht mehr verunsichert erscheint, wenn sich derartige Differenzen ergeben.
Handlungsdialog	Eine Situation, die sich im Handeln ausdrückt und noch nicht reflektiert, sondern durch den Therapeuten nur in einer Handlung beantwortet werden kann. Der Therapeut bildet eine Hypothese, wie die Handlung zu verstehen sein könnte. Dieses Verstehen kann in eine »antwortende Handlung«, in eine »sprechende Aktion« (»action parlante«; Racamier, 1979, S. 234) transformiert werden. Der Therapeut handelt in der Kenntnis der therapeutischen Beziehung und der aktuellen Situation. Die verbale Ebene ist nicht jederzeit vom Patienten erreichbar (Wollenweber, 2012, S. 55).	Frau S. vergisst nach einer emotional intensiven Stunde ihren Mantel in der Praxis. Die Therapeutin mutmaßt, dass es für die Patientin schwer sein könnte, mit ihren Gefühlen wieder allein klarzukommen, bzw. einen Wunsch nach mehr Unterstützung und Kontakt. Sie ruft Frau S. daher an und bietet einen Kurzkontakt am folgenden Tag an, zu dem die Patientin ihren Mantel abholen und sich der Präsenz der Therapeutin vergewissern kann.
Moving along	Patient und Therapeut gehen gemeinsam im dialogisch gestalteten Gespräch der Therapie voran (»moving along«; Stern, 2005). Thematisiert wird alles Material, welches der Patient mitbringt. Sie betrachten gemeinsam Situationen und Wahrnehmungen bzw. verständigen sich darüber. Es geht um das Erkunden	Herr K. kommt zur vereinbarten Sitzung in die Praxis und hat Panik in den Augen. Auf die Frage des Therapeuten, ob er darüber sprechen wolle, reagiert er verzögert. Die Angst scheint ihn daran zu hindern, so wie sonst zu berichten. Der Therapeut spürt, dass ein »Warum?« die falsche Frage wäre. Er fragt danach, wie

	subjektive Realitäten. Ein gemeinsames, dialogisches Verständnis wird in vielen (interpersonellen) »Zyklen« entwickelt. Solche gemeinsamen Spaziergänge ermöglichen eine implizite Beziehungsregulierung, die die Chance bietet, das Dilemma zu verringern. Dabei können »Jetzt-Momente« (»now moments«; Stern et al., 1998) entstehen, die plötzlich und für beide spürbar eine direkte Begegnung zwischen Patient und Therapeut markieren. Wichtig ist, dass ein Begegnungsmoment nicht verbalisiert werden muss, um wirksam und bleibend implizites Beziehungswisssen zu verändern.	Herr K. heute morgen aufgewacht ist, wie der Tag begonnen hat. Herr K. beginnt zu berichten, und der Therapeut fragt interessiert nach. Die beiden bewegen sich durch den Tag vor der Therapie. Durch Berichten, interessiertes Zuhören, Nachfragen kommen Einzelheiten und Perspektiven auf, die gemeinsam erlebt werden können: das Kaffeepulver, das nicht am gewohnten Ort stand. – »Wo steht es denn immer? Und wo stand es heute? Wie konnte es da hinkommen?« – »Der Nachbar war da, wollte Kakao, der stand dahinter, so habe ich den Kaffee weggestellt, um an den Kakao zu kommen.« – »Von dem Nachbarn haben Sie noch nie erzählt! Wie lange sind Sie denn schon Nachbarn?« ... Im weiteren Gespräch kommt die Angst erneut zutage, diesmal da, wo sie begonnen hat: im Verhältnis zum Nachbarn. Ohne den gemeinsamen Weg dahin wäre es dem Patienten nicht möglich gewesen, davon so zu berichten, also die Angst zuzuordnen.
Stellvertretende Regulation von Beziehung bzw. von Nähe und Distanz	Der Therapeut übernimmt die Regulation von Nähe und Distanz zunächst stellvertretend, indem er sich einfühlsam mal mehr ins Spiel bringt, mal eher zurückhält, mal aktiver und mal empfangender ist. Wichtiger Maßstab dafür ist die Reflexion der Gegenübertragung.	Bei Frau N. folgen auf Therapiesitzungen, in denen große gegenseitige Sympathie deutlich wurde, immer wieder Stundenversäumnisse. Die Therapeutin fragt in der Folge konsequent, wann denn Frau N. von sich aus gern wiederkommen würde, und bietet auch eine

Gelebte Interpersonalität – Etablierung primärer Repräsentation

Werkzeug	Definition	Fallbeispiel
	Innerhalb der Therapie entsteht so eine Modellerfahrung einer aushaltbaren, nicht überflutenden, Freiraum ermöglichenden und gleichzeitig spürbaren und verlässlichen Beziehung, welche für Situationen außerhalb der Therapie als Referenz dienen kann.	Verlängerung des Intervalls an. Frau N. äußert affektvoll: »Das ist so komisch hier, in der PIA haben die Ärzte immer gewechselt«
Stellvertretende Regulation von Gefühlen	Therapeutische »Hilfs-Ich-Funktion«, insbesondere bei Modulation von hohem Arousal/Affektüberflutung, aber auch »Abgeschnittensein« vom emotionalen Erleben. Dies kann u. a. durch respektvolles Zuhören und Nachfragen, Signalisieren von Verständnis und Anteilnahme, gemeinsames Einordnen von Geschehnissen und Generieren von Bedeutungen geschehen, aber gegebenenfalls auch durch supportive Interventionen wie gemeinsames Suchen nach zuträglichen Verhaltensweisen. Dagegen kann das Gespräch über Erinnerungen, (Lieblings-)Bücher, Filme etc. helfen, »versunkene« Emotionen wieder spürbarer zu machen.	Herr E. wirkt immer wie von seinen Emotionen abgeschnitten. Gleichzeitig schildert er, dass er die Stimmen seiner Eltern höre, diese würden ihm den Schlaf rauben. Der Therapeut erkundet vorsichtig die Erfahrungen, die der Patient mit seinen Eltern gemacht hat. Dieser schildert – zunehmend bewegt – eine unbeschwerte Kindheit, die mit dem viel zu frühen Tod des Vaters endete. Trauer und Einsamkeit werden kurzzeitig spürbar, was dem Therapeuten als Anhalt dient, diese Themen später wieder aufzugreifen.
Stellvertretende Äußerung von Gefühlen	Der Therapeut übernimmt stellvertretend den dem Patienten nicht zugänglichen (nicht erlebbaren) Affekt und drückt diesen stellvertretend aus. Dies ist umso wichtiger (und dann	Frau R. betont immer, es gehe ihr gut, die Therapeutin brauche sich auf keinen Fall Sorgen zu machen. Auch als bekannt wird, dass ihr Vater sich trennen und eine neue Beziehung in

	vorsichtig vorzunehmen), wenn es um »verworfene«, nicht erlebbare Gefühle geht.	einer anderen Stadt eingehen wolle, berichtet sie dies in einer eher unbeteiligten Art. Die Therapeutin fragt zunächst nach, wie es der Patientin damit gehe. Als diese abwiegelnd antwortet, dass sie das völlig okay finde, entschließt sich die Therapeutin, mitzuteilen, dass sie sich selbst in einer solchen Situation bei allem Verständnis auch verlassen oder gar verraten fühlen würde. Frau R. kann daraufhin über ihre Verletztheit sprechen.

Mentalisierungsfördernde Interventionen

Gemeinsames Ausleuchten von Erfahrung	Ereignisse werden gemeinsam erkundet – nicht der Patient liefert die Erzählung und der Therapeut findet Bedeutung, sondern der Patient berichtet oder fragt, und der Therapeut fragt interessiert weiter, nach Details, die er selbst nicht kennen kann. Dabei ist es wichtig, beim Patienten zu bleiben und sich das Erleben, die Ereignisse so genau anzusehen, dass der Patient Dinge zu berichten weiß, die vorher nicht bewusst waren. Der Patient, der in der ersten Person dabei spricht, stärkt so auch die Kohärenz des Ichs (Bollas, 2015). Der Therapeut kann den Prozess auch verlangsamen, indem er um eine genauere Betrachtung bittet (»stop and rewind«).	Herr T. bleibt in allen Schilderungen über seinen neuen Arbeitsplatz immer sehr detailreich und im Konkreten. Der Therapeut akzeptiert dies, regt aber mit seinen Fragen eine weitere Differenzierung an und fragt auch nach dem psychischen Erleben des Patienten, über das Herr T. nicht gern zu berichten scheint. Der Therapeut unterbricht daher einmal die umständliche Schilderung: »Bitte lassen Sie uns ein wenig innehalten und diese Situation einmal genauer ansehen.«

Gelebte Interpersonalität – Etablierung primärer Repräsentation

Werkzeug	Definition	Fallbeispiel
Mentalisierungsförderndes Fragen	Der Therapeut bekundet ein authentisches Interesse am subjektiven Erleben des Patienten. In einer Haltung des »Nichtwissens« enthält er sich, Inhalte zu suggerieren (»Da müssen Sie sich ja schrecklich gefühlt haben«), sondern bemüht sich explizit, das subjektive Erleben des Patienten zu verstehen. Dieses wird kontextualisiert und mit gemeinsam erforschenden möglichen Bedeutungen angereichert. Neugier auf eigene Denkprozesse soll geweckt werden. Der Therapeut achtet auch darauf, Themen nicht vorzeitig zu schließen.	Herr Z. berichtet über permanentes Stimmenhören. Die Therapeutin fragt genau nach, ohne in den Modus einer Exploration zu verfallen. Sie wirkt dabei interessiert, aber auch unaufgeregt, sodass der Patient Details berichten kann, die er andernorts eher verschweigt. Die Therapeutin interessiert sich dafür, wie sich die Phoneme auf den seelischen Zustand von Herrn Z. auswirken, wie er sich in Gegenwart der Stimmen fühlt, wovon dies abhängt, wie er sie beeinflussen kann. Ob diese Wahrnehmungen der Realität entsprechen oder nicht, bleibt offen.
Therapeut als Mentalisierungsmodell	Der Therapeut äußert seine inneren Fragen und Abwägungen, bezieht sich dabei auf mentale Aspekte. Der Patient findet sich in den Mentalisierungsvorgängen des Therapeuten wieder.	»Mir ist unsere letzte Stunde noch einmal durch den Kopf gegangen. Sie hatten ja plötzlich das Thema gewechselt. Ich habe mich gefragt, ob ich mit meiner Mutmaßung völlig danebenlag oder ob das einfach ein sehr schwieriges Thema war ….«
Perspektivwechsel fördern	Der Therapeut regt durch Fragen Dezentrierung und Perspektivwechsel an: Die Fragen können darauf hinweisen, dass es meist mehrere Sichtweisen auf eine Sache gibt, und dazu anregen, sich emotional und/oder kognitiv in eine andere Person hineinzuversetzen	Frau P. hat einen lange bestehenden Konflikt mit ihrem Sohn, der sie als nicht verlässlich empfindet und sie daher infrage stellt. Der Therapeut fragt öfter nach, welche Theorie die Patientin zum Verhalten ihres Sohnes hat. Es wird deutlich, dass sich Frau P. stark

	oder aber zu überlegen, wie andere, quasi durch Blick von außen, den Patienten wahrnehmen könnten.	angegriffen fühlt und sich schlecht in den Sohn einfühlen kann. Letztlich fragt der Therapeut: »Würden Sie denn gern wissen, was ich empfinden würde, wenn ich Ihr Sohn wäre?«
Verbindung zwischen Körperempfindungen/Emotionen und Denken/Sprache herstellen	Der Therapeut legt sein Augenmerk gleichermaßen auf die Problematik, dass ein Patient in seiner Erzählung zu stark im Konkreten bleiben könnte, und damit die Existenz, Perspektivität und vor allem Irrtumsanfälligkeit mentaler Zustände gar nicht zur Sprache kommt. Bei stark hyperreflexiven und intellektualisierenden Patienten ist es oft umgekehrt: Hier muss der Therapeut das Gespräch wieder zurück auf das emotionale, leibliche und sachliche Erleben lenken. Es geht also um die Herstellung des Kontakts zwischen »Wort und Ding« oder ein »Körper-Geist-Kontaktnetzwerk« (vgl. auch somatische Gegenübertragung, Lombardi, 2016).	Herr I. berichtet, dass seine Freundin ihn für einen neuen Partner verlassen habe. Ein Affekt wird nicht spürbar. Er berichtet jedoch sehr detailliert über seine Hypothesen zur Kindheit der Freundin, sie müsse eine Bindungsstörung haben, vielleicht ein Trauma. Er habe ihr bereits Therapeuten herausgesucht. Es gebe keine anderen Grund für die Trennung. Nachdem der Therapeut in der Annahme, dass diese Erklärungen der Abwehr des Trennungsschmerzes dienen, längere Zeit zugehört hat, fragt er dann doch genauer nach, wie der Patient sich nun fühlt und was die Trennung für ihn bedeutet.
Gefühle benennen und differenzieren	Hier geht es nicht um eine gefühlsmäßige »Alphabetisierung« des Patienten, sondern um die Entwicklung einer gemeinsamen Konfiguration von Erleben. Gefühle können benannt und immer weiter differenziert werden, wobei der Therapeut durch Vorschläge oder differenzierende Fragen helfen kann. Dennoch geht es um eine Bewegung von beiden Seiten aufeinander zu: Einige Dinge bleiben unbenennbar oder können nur in einer gemeinsamen	Frau G. spricht von manchen schwerwiegenden Erlebnissen in einer Privatsprache – sie werde einer »Hirnwäsche« unterzogen, die man gar nicht beschreiben könne. Was sie erlebe, verstehe sowieso keiner. Erst nach und nach wird deutlich, dass dieses Erleben an äußere Anlässe geknüpft ist und dass sie massive undifferenzierte negative Affekte mit diesem Begriff verbindet. Lange Zeit bleibt »Hirnwäsche« zwischen Patientin und

Gelebte Interpersonalität – Etablierung primärer Repräsentation

Werkzeug	Definition	Fallbeispiel
	entwickelten Sprache fassbar gemacht werden.	Therapeutin ein Code, der unaushaltbare Emotionen kennzeichnet. Erst später wird es (nach vielen Zyklen kontextueller Zuordnung und stellvertretender Äußerung von Affekten durch die Therapeutin) möglich, z. B. zwischen Angst, Überforderungsgefühlen und Ärger zu differenzieren.
Humor	Humor ist die »Fähigkeit und Bereitschaft, auf bestimmte Dinge heiter und gelassen zu reagieren« (Duden online, 05.08.2021). In psychotherapeutischen Manualen kommt Humor als Werkzeug nicht oft vor, allerdings hat Humor als Fähigkeit Einzug in die OPD-3-Strukturachse gefunden und kann – im richtigen Moment eingesetzt – für einen Moment für beide Seiten eine Entlastung sein. Das Lachen kann zu etwas Drittem werden, es kann sogar möglich sein, gemeinsam über sich selbst (Therapeut oder Patient) zu lachen. Das ermöglicht einen Abstand zum Geschehen und einen gemeinsamen Moment, der verbindend sein kann, unter Umständen wie ein »Now Moment«.	Frau C. ist hochagitiert und hält das gesamte Team mit ihrer aggressiven Ablehnung in Atem. Sie beschimpft Anwesende als Faschisten und dünkelhafte Menschen, die sich auf ihre Position etwas einbildeten. Ihren Arzt beschimpft sie ebenfalls, er solle sich bloß nichts auf sein Aussehen einbilden: »Glauben Sie bloß nicht, Sie sind ein George Clooney … na ja – ein George Clooney für Arme!« In dieser Situation müssen alle lachen – auch Frau C. Das gemeinsame Lachen zwischen Arzt und Patientin mediiert als ein »Drittes« ein erstes gemeinsames Erleben, einen ersten Kontakt.
Etablierung der subjektiven Zeit	Der Therapeut hilft dem Patienten, die synthetische Funktion einer Zeitabfolge zu etablieren oder zu verstärken.	Frau H. ist so verängstigt, dass ihr keine geordnete Syntax mehr möglich ist. Ihr Ich zerlegt sich buchstäblich beim Versuch, über etwas zu sprechen. Es gibt keine zeitliche Abfolge.

58 | Behandlungstechnik

		Hier kommt es darauf an, die zwischenmenschliche Dichte möglichst zu reduzieren. Die Therapeutin nimmt sich zurück, verwandelt sich in eine gutmütige Substanz, dekonstruiert sich quasi, um dem Ich der Patientin wieder Spielraum zur Verfügung zu stellen.
Therapeut als Chronist	Der Therapeut hilft dem Patienten, zeitliche Abläufe zu rekonstruieren, Bezüge zwischen den Stunden herzustellen, ein Zeitraster zu etablieren. Der Therapeut kann dabei wie ein Chronist oder Träger eines gemeinsamen Gedächtnisses fungieren und an Inhalte von Stunden oder getätigte Äußerungen erinnern. Es kann auch sinnvoll sein, den Patienten daran zu erinnern, dass der Therapeut sich auch zwischen den Stunden gedanklich mit ihm beschäftigt. Ziel ist die Schaffung einer den Patienten entlastenden und Kohärenz ermöglichenden zeitlichen Ordnung.	Eine Patientin mit ausgeprägter formaler Denkstörung hat Schwierigkeiten, eine für sie wichtige Begebenheit kohärent zu berichten. Der Therapeut bemerkt, dass er ihre Rede voll fehlender Bezüge und zeitlicher Verschiebungen nur rudimentär nachvollziehen kann. Er nimmt dies hin, merkt sich aber einige wichtige Eckpunkte, die noch aus dem Zusammenhang gerissen und unverständlich sind. Im Verlauf mehrerer Sitzungen wird es möglich, diese einzuordnen und die Fragmente in ein sinnvolles »Raster« zu bringen.
Modellerfahrung	In der therapeutischen Situation kann durch die genannten Werkzeuge, dialogisch und in einem therapeutischen Raum angewandt, das Dilemma entzerrt bzw. abgemildert werden. Hier wird die Beziehung zwischen Therapeut und Patient neu verhandelt: beim Moving along, den stellvertretenden Regulierungen, durch die therapeutische Reflexion der Gegenübertragung und das Erlangen der eigenen Selbstwirksamkeit des Patienten in einer bisher unbekannten, alternativen Beziehungskonstellation. Dennoch handelt es sich um eine implizite Erfahrung, die in Echtzeit gemacht werden muss. So kann eine Dilemma-auslösende Situation neu konfiguriert werden, ohne dem Wiederholungszwang zu unterliegen. Hier wird zwischen Patient und Therapeut gemeinsam ein Weg gefunden, die problematische Situation zu lösen und als einen Konflikt zwischen zwei miteinander verbundenen, zugleich aber getrennten Individuen zu erleben.	

Einzelinterventionen | 59

Verstandene Interpersonalität – Etablierung sekundärer Repräsentation

Werkzeug	Definition	Fallbeispiel
Klärung	Klärungen sind in der psychodynamischen Therapie der Schizophrenie von großer Bedeutung und stehen nicht wie in der klassischen Psychoanalyse hinter der Konfrontation. Klärungen schaffen einen geteilten Erfahrungsraum, in dem der Patient einen eigenen Standpunkt vertritt (vertreten kann). Therapeut und Patient nähern sich im Klärungsprozess an. Dieser Prozess kann durch die Nachfrage des Therapeuten nach detaillierter Beschreibung, das Erfragen der Gefühle des Patienten und auch Benennung der Wirkung des Patienten auf den Therapeuten erfolgen. In der Klärung wird eine Übereinkunft angestrebt, in Bezug auf Bedeutung von Worten und Wendungen (insbesondere Neologismen, private Metaphern und Bilder) wie auch innere Zustände, Überzeugungen und Situationen.	Herr F. berichtet zu Beginn der Sitzungen von Übelkeit, Kopfschmerzen und Schwindel. Die gleichen Symptome beschreibt er neuerdings auch außerhalb der Therapie. Zweimal habe es ihn dazu veranlasst, ein Treffen mit einer neuen Freundin abzusagen. Er sei sich auch gar nicht so sicher, ob diese zu ihm passe, sie habe wesentlich andere Wertvorstellungen als er. Die gleiche Symptomatik zu Beginn der Sitzung wie auch vor einem Treffen mit der Freundin veranlasst den Therapeuten, zu fragen, wann das Gefühl der Übelkeit beginne, was der Patient sich dann vorstelle, wovor er vielleicht Angst habe und ob es ihn dann entlaste, den Termin abzusagen. Der Therapeut benennt hier auch seine eigenen Gefühle, wie schwer sich der Sitzungsbeginn für ihn anfühle, er habe das Gefühl, dass Angst im Raum sei. Herr F. berichtet nach einer Weile, dass er lieber sein Studium fortsetze, als sich auf eine Frau einzulassen, sie lenke ihn nur ab.
Konfrontation	Der Therapeut macht den Patienten auf ein Verhalten oder eine Äußerung aufmerksam, die dieser in dem Moment nicht im Fokus hat, häufig unangenehme oder abgewehrte Gefühle. Bei Psychosebetroffenen sind es oft	Eine junge, ehrgeizige Frau kommt Stunde um Stunde mit einer Agenda für die Sitzung. Sie hat ein Büchlein bei sich, in dem sie die zu besprechenden Punkte aufgeschrieben hat. Sie beginnt die Sitzung mit dem Gefühl, mit welchem

	Verzerrungen, falsches Verstehen oder eine Fehlinterpretation des Geschehens, womit der Patient dann, wenn er stabil genug ist, konfrontiert werden kann.	sie aus der letzten Sitzung herausgegangen ist, und dann benennt sie die Punkte, die sie in der Sitzung besprechen möchte. Der Therapeut ist durch die Strukturierung der Patientin zunächst fasziniert und entlastet, um dann das Muster zu erkennen und sie damit zu konfrontieren: dass sie die Sitzungen immer so gut vorbereite, und ob sie es sich vorstellen könne, sich auch mal unvorbereitet auf eine Sitzung einzulassen? Die Patientin reagiert zunächst gar nicht, um dann in der Zukunft aber zu Beginn der Sitzung das Büchlein nicht mehr auszupacken, sondern sich auf einen Beginn im Hier und Jetzt der Begegnung einzulassen.
Metaphern und Bilder	Bilder oder Metaphern des Patienten oder auch des Therapeuten können von beiden Seiten verwendet werden und als eine bewusste Umschreibung von Situationen und Erleben genutzt werden.	Frau L. beschreibt sich in einem dunklen Holzhaus mit dunklen Balken und kleinen Fenstern. Draußen ist es bunt und es laufen viele Menschen vorbei, lachend, zu zweit. Die Therapeutin versucht gemeinsam mit der Patientin, das Haus zu gestalten – eine Tür mit einer zu öffnenden oberen Hälfte. Zunächst der geschützte Blick nach draußen, dann die Öffnung der oberen Türhälfte und nach einigen Sitzungen auch ein Schritt nach draußen vor die Tür. Das Bild wird von Frau L. angenommen und die Fortschritte sind daran sichtbar, und auch die Therapeutin kann beim Schritt vor die Tür die Unsicherheit spüren.

Verstandene Interpersonalität – Etablierung sekundärer Repräsentation

Werkzeug	Definition	Fallbeispiel
Explizite Reflexion	Der Therapeut hilft dem Patienten, Probleme unter Rückgriff auf innere Vorstellungen – »mentalistisch« – zu betrachten und zu lösen. Dies gilt insbesondere für Beziehungen, auch die therapeutische Beziehung.	Herr O. hat eingewilligt, die Familie seiner Frau in einer anderen Stadt zu besuchen, obwohl er sich den Ansprüchen der Schwiegereltern nicht gewachsen fühlt. In der Stunde äußert er überraschend, er habe das Gefühl, der Therapeut sehe ihn kritisch. Gestern Abend habe er kurz dessen Stimme gehört (»So ein Versager!«). Der Therapeut fragt nach, für wie wahrscheinlich der Patient es hält, dass der Therapeut so etwas sagen würde (nicht so wahrscheinlich), und beide überlegen gemeinsam, warum Herr O. gerade jetzt wieder eine Stimme gehört hat. Der Patient weiß, dass ihm dies manchmal unter hohem äußeren Druck passiert, und kann auch die geplante Reise und damit verbundene Selbstzweifel als Auslöser einordnen. Auch kann er benennen, dass er den Therapeuten manchmal als kritisch und verurteilend wahrnimmt, obwohl er sich eigentlich gut aufgehoben fühle und wisse, dass dieser gar nicht so denke.
Interpretation	Der Therapeut reagiert positiv spiegelnd auf das dem Patienten selbst verborgene Potenzial des Wahns, ohne sich in einen Kampf um Realitätsauffassungen zu verstricken. Benedetti (1998, S. 84) hat »wahninterne	Herr M. hat eine akute paranoide Psychose nach einer Begegnung mit seiner Vorgesetzten, die »im Vertrauen« eine Aussage von ihm forderte, die illoyal seinen Kollegen gegenüber gewesen wäre. Anamnestisch ist bekannt,

Deutungen« vorgeschlagen, die einen Wahn nicht infrage stellen, sondern ihn zu einer gemeinsamen Erfahrung verwandeln, indem der Therapeut den Wahn mit eigenen Ideen amplifiziert und kontextualisiert. Es gibt aber auch bei stabiler Ich-Organisation die Möglichkeit, eine klassische Deutung vorzunehmen. Die Deutung als ein Versuch, die Sachvorstellungen mit passenden Wortvorstellungen zu verknüpfen, dient der Bewusstmachung von prägenden Selbst- und Objektrepräsentanzen.	dass seine Eltern, bis sie sich nach seinem Auszug endlich trennten, sich furchtbar stritten und seine Mutter sich dann immer ihm – ca. sechs- bis achtjährig – anvertraute. Die Interpretation nach vielen Stunden Therapie war, die Ohnmacht des Patienten zu benennen, dem eine existenziell notwendige Person (Mutter/Vorgesetzte) mit viel zu großen Aufgaben (Ehestreit) nahekam und der sich gegen seinen Vater (die Kollegen) stellen musste. Mit dieser überdimensionierten Aufgabe war er allein, es gab keine Lösung und keine Entlastung und niemals das Gefühl, den Wünschen entsprechen zu können. Das Gefühl der Hilflosigkeit und eine heftige Reaktion bei zu groß übertragenen Aufgaben – das ist weiterhin da, aber es kann an den einzelnen Situationen gearbeitet werden.
Bedeutung gemeinsam erlebter Gefühle (Affektfokus)	Ziel ist es, den gegenwärtigen geteilten emotionalen Zustand zu definieren. Dies geschieht vorsichtig, aus der Perspektive des Therapeuten (wie fühlt sich dieser in der Interaktion) und durch Fragen an den Patienten. Implizites Mentalisieren soll explizit werden.	Herr P. nutzt die Stunden, um immer mehr Gründe anzuführen, warum er seine Ausbildung nicht fortsetzen kann. Er schreibt dies hauptsächlich dem fordernden Verhalten seiner Vorgesetzten zu. In der Begegnung mit ihm baut sich eine immer höhere Spannung auf, der Therapeut nimmt in der Gegenübertragung zunehmend Ärger und Angst um die Zukunft des Patienten wahr. Er teilt diesem vorsichtig mit, dass er selbst gerade einen großen Druck verspüre, die Entscheidung des

Verstandene Interpersonalität – Etablierung sekundärer Repräsentation

Werkzeug	Definition	Fallbeispiel
		Patienten zu bestätigen, obwohl er sie selbst noch gar nicht verstanden habe. Herr P. äußert, dass er sich gerade unverstanden fühle. Das ärgere ihn. Die Situation bei der Ausbildung sei wirklich nicht aushaltbar, und der Therapeut mache ihm zusätzlich noch Druck. Der Therapeut äußert: »Da stehen wir also beide unter Druck. Keiner möchte zu etwas gezwungen werden, das er nicht vermag.« Das entlastet, und in der Folge können auch die Versagensängste von Herrn P. besprochen und die Entscheidung über den Abbruch vertagt werden.
Rekonstruktion	Ereignisse, die nicht zugänglich sind, weil sie nicht repräsentiert werden konnten, können in der therapeutischen Arbeit erschlossen werden und schließlich durch eine Rekonstruktion das Ereignis und die Zusammenhänge ersetzen, die nicht mehr erinnerbar sind.	Frau X. kommt mit einer Psychose in die Behandlung, in der die Sprache nicht verstehbar ist, das Denken nicht geordnet und es sich in eine verzweifelte Suche nach einer Erklärung gestürzt hat, was mit ihr denn passiert sei. Die Anamnese bietet zunächst keinen Anhalt, und erst später wird deutlich, dass die Mutter der Patientin in den ersten beiden Jahren so gut wie nicht da war; zu Hause herrschte Sorge um sie und die Angst, sie komme nicht zurück.

64 | Behandlungstechnik

	Nach längerer Zeit lassen sich Gefühle und Anamnese benennen und verknüpfen. Die Rekonstruktion passt anamnestisch wie emotional: dass es in den ersten beiden Lebensjahren eine lebensgefährliche Situation war, ohne Mutter zu sein, und dass dies zu einem Zeitpunkt war, zu dem die Patientin sich nicht verbal ausdrücken konnte. Emotional erlebte sie Angst im Umfeld um ihre Mutter. Diese Rekonstruktion konnte von Frau X. als Entlastung angenommen werden.
Narrativbildung	Narrative beziehen sich unter anderem auf die von psychotischen Menschen nicht erlebten auslösenden Begebenheiten. Nicht erlebt wurden sie, weil das Ich nicht die passenden Werkzeuge hatte, das Geschehene als Narrativ zu erfassen. Im Therapieverlauf lässt sich durch gemeinsames Ordnen und Zuordnen ein Narrativ einer kohärenten Biografie bilden, da, wo vorher kein Erlebnis war. Es geht dabei nicht um ein Aufdecken von Wahrheit oder etwas, was die anderen, aber nicht der Patient gewusst haben, sondern um eine gemeinsame Arbeit des Zusammentragens und Sortierens und Mit-Bedeutung-Versehens.

4 Umgang mit spezifischen Situationen in der Psychosentherapie

Psychotherapie von Menschen mit Psychosen birgt Kreativität, Überraschungen, spezifische Schwierigkeiten und Konstellationen. Wir haben einige davon zusammengetragen, umreißen die Situationen kurz und veranschaulichen sie und einen möglichen Umgang damit gelegentlich in einer Minivignette.

4.1 Umgang mit Wahn und Halluzinationen

Der Wahn und Halluzinationen bei Menschen mit Schizophrenien sind häufig auch ein inhaltlicher Hinweis auf ein Identitätsdilemma, also ein zugrunde liegendes, die Identität bedrohendes Ereignis. Es ist eigentlich keine »besondere« Situation, sondern für Therapeuten ist der Umgang mit diesem Dilemma eine Basiskompetenz in der Psychotherapie von Menschen mit schizophrenen Psychosen. An dieser Stelle wollen wir das Prinzip beschreiben, nicht die verschiedenen möglichen Formen des Vorkommens, wie wir es bereits im Manual (Lempa et al., 2016) ausgeführt haben.

Ein Wahn entsteht, wenn ein Ereignis nicht erlebt werden konnte, sondern nach einem völligen oder partiellen Zusammenbruch des Ichs ganz oder teilweise in die Außenwelt verlagert wurde. Das heißt, das Ich benötigt neue Fähigkeiten, um das, was seine Kompetenzen überstieg, zu integrieren. Es geht also darum, den Wahn überflüssig zu machen, indem sich die zugrunde liegenden Kräfteverhältnisse ändern, weil das Ich durch eine Abmilderung des Dilemmas neue Kompetenzen erlangt hat, Antagonismen in Konflikte zu verwandeln.

Dies ist ein längerer Weg, in der Zwischenzeit sollte man den Wahn als etwas verstehen, was notwendig ist, weil das Ich sich sonst quasi im freien Fall befindet. Man sollte hinter dem Wahn die ausgelagerten Wünsche und Ängste sehen und es womöglich vermeiden, in einen Kampf der Realitätsauffassungen zu geraten. Meist kann man sich einigen, es offen zu lassen, sich Zeit zu geben. Nur selten, und dann wird es schwierig, verlangt der Patient Gefolgschaft und aktives Einschreiten etwa gegen Nachbarn oder Behörden. Der Therapeut kann daher praktisch »tangential« arbeiten, indem er zwar eine Hypothese bildet über das, was der Patient noch nicht integrieren konnte und daher auslagern musste, und diese zunächst nicht thematisiert, sondern versucht, die zugehörigen Funktionen des Ichs zu stärken – etwa durch Abmilderung des Dilemmas, Arbeit an der Repräsentation von Gefühlen oder durch selbstwertfördernde Interventionen. Auch wenn drängende Lebensthemen oder (vom Patienten nicht repräsentierbare) Konflikte die Wahnthematik inhaltlich bestimmen können (z. B. ein Größenwahn, der bei einem Menschen auftritt, der gerade eine massive Kränkung erlebt hat), wäre ein Deuten der Wahnformation in den meisten Fällen kontraindiziert oder zumindest wirkungslos. Hier gemeinsam Zusammenhänge zu finden, kann erst viel später, wenn das Wahnerleben nicht mehr notwendig und abgeschwächt ist und der Patient eine ausreichende reflexive Kompetenz gewonnen hat, versucht werden.

Halluzinationen enthalten wie der Wahn Lebensbereiche und Konflikte, denen das Ich nicht gewachsen ist. Auch sie kann man nicht direkt bekämpfen, sondern über den Umweg auf das »innerlich Aufgehobene, das von außen wiederkehrt« (Freud, 1917), überflüssig machen. Manchmal brauchen die Patientinnen und Patienten konkrete Unterstützung, sich gegen Stimmen zu wehren, die etwa Selbstschädigungen oder Suizid befehlen oder den Kontakt mit der Außenwelt massiv einschränken. Patienten mit Halluzinationen ziehen sich mehr als wahnhafte Patienten aus der Zwischenmenschlichkeit zurück. Oft werden halluzinierte Stimmen oder Wesenheiten zu (manchmal den einzigen) Beziehungspartnern, und in der Interaktion mit diesen treten Muster hervor, welche ebenfalls durch biografische Erfahrungen inklusive Traumata und die Art der frühen Objektbeziehungen determiniert sein können. Die gilt insbesondere für sehr mächtige oder böswillige Stimmen, aber auch für solche, die positiv erlebt werden, etwa bestärkend wirken und eher guten Objekten entsprechen. Andere Arten von Halluzinationen können eher einem dysfunktionalen Rückzug in eine entlastende Eigenwelt darstellen, zum Beispiel wenn eine Patientin völlig absorbiert ist vom Kontakt zu einem halluzinierten Geliebten oder einem alles dominierenden Gott. Hier wäre es wichtig, die Bedeutungen, die die Patientin selbst diesen »interpersonellen« Konstellationen und ihrer eigenen Position dabei gibt, zu erkunden und als Therapeut erneut »tangential« und der eigenen Hypothese über das »innerlich Aufgehobene« folgend zunächst mit den Interventionen der »gelebten Interpersonalität« zu arbeiten. Eine reflexive Bearbeitung ist bei bösartigen, strafenden oder beschimpfenden Halluzinationen oft eher möglich als bei funktionsbeeinträchtigenden, aber positiv erlebten Stimmen. Hilfreiche Phoneme bedürfen meist keiner Behandlung.

4.2 Umgang mit »Negativsymptomatik« und unspezifischen Symptomen (desorganisiert/»hebephren«)

Die meisten Kliniker sehen in den sogenannten Negativsymptomen ein Zeichen für eine langfristige Erkrankung mit schlechter Prognose (Patel et al., 2015), einen Grund zur Resignation. Aus unserer Sicht ist das ein Schritt in die falsche Richtung, der die Symptomatik sogar unterstützt: Bei sogenannten Negativsymptomen ist es einerseits sehr wichtig, die Medikation zu überprüfen. Denn sehr häufig handelt es sich auch um Nebenwirkungen antipsychotischer Medikation, welche nicht optimal dosiert ist. Andererseits kann die Funktion der Negativsymptomatik entsprechend der Positivsymptomatik verstanden werden: als eine Lösung für ein schizophrenes Dilemma. Sowohl eine

Denkverlangsamung wie ein sogenanntes inkohärentes Denken, fehlender Wille oder Fragmentierung und Desorganisation können recht stabile Lösungsversuche sein. In einem unlösbaren Dilemma sind diese Symptome stabiler als Positivsymptome, es ist kein wahnhaftes Gebäude, sondern es sind Fragmente. Fragmente sind stabile kleinste Einheiten, ohne Verbindung untereinander. Ein Denken ohne Kohärenz oder Logik entzieht sich den Argumenten der Außenwelt. Die Stabilität zeigt sich auch in der Dauer solcher Symptome. Aus unserer Sicht ist die Wahrnehmung dieser Symptome als Teile eines hoffnungslosen Verlaufs, wie es immer noch zu oft geschieht, falsch und unterstützt darüber hinaus die Symptombildung.

Die modifizierte psychodynamische Psychosentherapie ermöglicht einen Blick hinter das Symptom und erlaubt durch Handlungsdialog, stellvertretenden Ausdruck von Gefühlen und natürlich die Arbeit mit der Gegenübertragung einen Zugang zu den Menschen, die sich in den Schutz der nicht verbalen Kommunikation zurückgezogen haben. Wichtig ist dabei, dass die Therapie bei Fragmentierung und Desorganisation besonders viel Zeit erfordert; eine Beziehungsgestaltung erfordert deutlich mehr Präsenz.

4.3 Umgang mit Traumata in der Psychosentherapie

Nach wie vor scheuen sich viele Psychosetherapeuten, ein Trauma in der Therapie zu adressieren, und bei den Traumatherapeuten wird häufig das Vorliegen einer psychotischen Erkrankung als Ausschluss für eine Traumatherapie verstanden. Die Anamnese von Menschen mit Psychosen ist oft zunächst lückenhaft. Die Angst, dass vom Therapeuten gestellte Fragen beim Patienten eine psychotische Reaktion auslösen könnten, oder die Infragestellung von Traumatisierungen in der Anamnese, da der schildernde Patient psychotisch sei, wird der Patientin oder dem Patienten nicht gerecht. Die Schwierigkeiten, mit berichteten, bekannten und vermuteten Traumata in der Anamnese eines Menschen mit einer Erkrankung aus dem schizophrenen Formenkreis umzugehen, wird nach wie vor in der psychotherapeutischen Praxis deutlich, die trotz zunehmenden Wissens zur Kausalität zwischen Trauma und Psychoseentwicklung diese Bereiche noch immer sauber trennt. Read, van Os, Morrison und Ross (2005) haben den Kindesmissbrauch als einen kausalen Faktor in der Entwicklung einer schizophrenen Psychose beschrieben, nachdem sie bei Menschen, die an schizophrenen Psychosen erkrankten, eine hohe Rate an schwerwiegenden sexuellen und körperlichen Traumatisierungen während der frühen Entwicklung aufzeigen konnten. Diese Korrelationen müssen als Herausforderung begriffen werden, denn auch die traumatisierenden Ereignisse, die von den Patientinnen und Patienten selbst nicht berichtet werden können, können sich nachhaltig auf das Beziehungserleben auswirken. Als Psychotherapeutinnen und Psychotherapeuten müssen wir die geschilderten Traumata als Erleben ernst nehmen, auch wenn wir nicht wissen, ob diese wie geschildert stattgefunden haben oder nicht, denn auch das Erleben einer Traumatisierung im Wahn kann auf eine vergangene, nicht erinnerbare Traumatisierung hinweisen.

Unterteilt man Traumata in folgende Kategorien: die von externen Vorgängen ausgelösten Traumatisierungen und die interpersonellen bzw. Bindungstraumata, werden Letztere mehr in den Zusammenhang mit einer psychotischen Entwicklung gebracht. Und zur Gruppe der interpersonellen Traumata zählen auch die häufig vorkommenden sekundären Traumata aus Behandlungen in psychiatrischen Kontexten.

Ansätze wie das »schizophrene Dilemma« als verinnerlichte traumatische Beziehung (Bruns, 2012) oder der Bezug zwischen frühkindlichen Traumatisierungen und späterer Psychose (Dümpelmann, 2003) beschreiben die schizophrene Psychose als Traumafolgestörung und verbinden dabei die psychodynamische Psychosentheorie und die Psychotraumatologie. Schwierig ist allerdings in diesem Zusammenhang der Begriff des Traumas, der durch diese Ausweitung (»traumatische Beziehung«) nicht mehr der Definition der von uns genutzten Diagnosesysteme entspricht (Trauma ist ein belastendes Ereignis oder eine Situation außergewöhnlicher Bedrohung oder katastrophenartigen Ausmaßes, die bei fast jedem eine tiefe Verzweiflung hervorrufen würde).

Das Beziehungserleben aufgrund eines Identitätsdilemmas nach Mentzos können wir allerdings als traumatisch beschreiben, da das Identitätsdilemma die Antwort auf intrusive oder fehlende Beziehung ist und das aus diesen Beziehungen entstandene traumatische Erleben das Erleben eines Ichs ist, welches nicht genügend Fähigkeiten ausgebildet, nicht genügend Werkzeuge zur Verfügung hatte, um mit einer solchen Begegnungssituation umzugehen. Solche interpersonellen Situationen entsprechen nicht der Definition eines Traumas, können aber existenzielle Ängste auslösen. Traumatische Ängste können auch dann entstehen, wenn die Ich-Grenzen nicht gewahrt werden konnten, eine Urheberschaft nicht erlebt werden konnte. Es gibt traumatisches Erleben also auch ohne Ereignisse wie Missbrauch und Gewalt, nämlich dann, wenn erfahrene Ereignisse das vorhandene Maß der Verarbeitungsmöglichkeiten des Ichs übersteigen. Frühe traumatische Erfahrungen als Durchbrechen des Reizschutzes (Lempa et al., 2016) sind zwar von den verminderten Fähigkeiten der Nähe-Distanz-Regulation bei Schizophrenien zu unterscheiden, allerdings ist dies durchaus nicht immer klar voneinander zu trennen, und wir können von einem erheblichen gegenseitigen Einfluss früher traumatischer Erfahrungen und der Ausbildung eines Identitätsdilemmas ausgehen.

Eine traumatische Erfahrung allein kann also nicht mit einer Disposition für eine schizophrene Psychose gleichgesetzt werden, traumatisches Erleben und Traumata wie hier beschrieben würden allerdings auf jeden Fall die Vulnerabilität, an einer schizophrenen Psychose zu erkranken, erhöhen.

Was bedeutet das für die psychotherapeutische Arbeit? Die Annahme einer zumindest teilweisen Mitbedingtheit der Psychose durch traumatische Erfahrungen kann bei der vorsichtigen psychodynamischen Hypothesenbildung helfen. Und dass dies mit größter Vorsicht geschehen muss, um mit dieser Hypothesenbildung nicht erneut zu traumatisieren oder Grenzen zu überschreiten. Die Überprüfung solcher Hypothesen kann nur gemeinsam erfolgen, und dabei ist es dringend notwendig, beim Erleben des Patienten zu bleiben, diesen nicht (erneut) alleinzulassen oder (erneut) zu bedrängen. Das traumatische Erleben auszulassen ist keine hilfreiche Möglichkeit. Wenn es ein Teil der Ätiopathogenese der psychotischen Erkrankung ist, so kann und muss dies in der Psychotherapie Raum bekommen und in seiner Bedrohlichkeit durch Entwickeln von Verarbeitungsmöglichkeiten des Ichs entschärft werden. Ist es ein erinnerliches Trauma, das zu einer posttraumatischen Belastungsstörung geführt hat, dann kann dies den Fortgang einer Psychotherapie stark erschweren. Dann kann eine Traumabehandlung (z. B. EMDR oder Expositionsverfahren) während oder vor einer psychodynamischen Psychosenpsychotherapie sehr hilfreich sein, was die Gruppe um van der Gaag erfolgreich zeigen konnte (van den Berg et al., 2015).

4.4 Umgang mit Aggression

Wir erfahren häufig bereits im Vorfeld oder in den ersten Sitzungen mit einem Psychosenpsychotherapiepatienten vom Aggressionspotenzial im Rahmen des psychotischen Erlebens, von Substanzkonsum oder auch einer komorbiden Persönlichkeitsstörung. Im Zusammenhang damit, ob man allein oder in einer Klinik oder einer großen Praxis arbeitet, darf man die Entscheidung nicht auslassen, ob man sich eine Behandlung mit dem Patienten oder der Patientin vorstellen kann. Es ist notwendig, eine Therapie nicht mit der Hoffnung, da wird schon nichts passieren, anzunehmen. Unsicherheiten und Unwohlsein müssen ernst genommen werden. Wenn man sich zu einer Psychotherapie entschieden hat, können (schriftliche) Vereinbarungen getroffen werden, wie etwa die Erlaubnis, sich im Krisenfall an Angehörige oder Mitbehandler zu wenden, und darüber, welche Maßnahmen bei Eigen- oder Fremdgefährdung ergriffen werden (DGPPN, 2019).

Aggressionen von Menschen mit Psychosen können verstehbar sein als Versuch, sich gegen eine subjektiv erlebte Bedrohung zu wehren, oder auch als Grenzziehung bei drohender innerer Fragmentierung, als Reaktion auf ein Zuviel an entstandener Nähe, indem durch die Aggression wieder die notwendige Distanz hergestellt wird (von Haebler u. Montag, 2019). Aggression kann auch dann ein Ausweg werden, wenn große Angst vor identitätsrelevanten Veränderungen aufkommt, die im Laufe der Therapie anstehen. Wenn die Therapeutin oder der Therapeut dies zuordnen kann, sind hier auch gezielte Reaktionen möglich, die die Anspannung häufig deutlich reduzieren. Wenn jedoch nicht erkennbar ist, warum und woher die Anspannung kommt, muss auf Aggression eine klare und begrenzende Antwort erfolgen. Wenn das Auftreten von Aggressionen zugeordnet und antizipiert wird, zum Beispiel als im Rahmen einer wahnhaften Verkennung, ist eine offene Äußerung der eigenen Angst manchmal deeskalierend: »Jetzt habe ich Angst um mich und um Sie.« Eine Sitzung kann damit auch beendet werden, wenn eine Eskalation droht; stationär kann eine räumliche Entzerrung, ein angebotener Raum zum Rückzug, ein Spaziergang im Garten, hilfreich sein. Sowohl allein, in der Praxis wie auch im Team ist es dringend notwendig, erforderliche Begrenzungen im Nachhinein sowohl mit dem Team als auch mit dem Betroffenen zu besprechen. Eine aufkommende Angst kann genauso wie eine Gegenaggression zu übertriebenen Reaktionen führen, die im Nachhinein ebenfalls unbedingt reflektiert werden müssen. Auch im Umgang mit der Aggression nutzen wir die Arbeit an der Gegenübertragung, die reflektierende Nachbesprechung und bemühen uns um ein Bewusstwerden der potenziellen Gefahr im Vorfeld mit der Möglichkeit einer Planung und Übung von Reaktionen darauf.

4.5 Umgang mit Suizidalität

In Bezug auf die Schwierigkeit dieses Themas gibt es wohl keine Diagnosespezifität. Wichtig ist bei Menschen mit Schizophrenien wie bei anderen auch, die Suizidalität anzusprechen (Bronisch, 2020):

in den ersten anamnestischen Gesprächen und später dann, wenn sich auch nur kleine Hinweise für eine mögliche Suizidalität ergeben. Die konkreten Fragen nach Suizidgedanken, Suizidplänen und Suizidversuchen sind dieselben wie bei anderen Diagnosen. Allerdings gibt es Unterschiede bei Patienten, die gerade konkretistisch denken, oder solchen, die die Worte des Therapeuten wahnhaft bedingt als Aufforderung verstehen könnten.

Wenn es Stimmen sind, die einen Suizid befehlen, dann kann die Psychotherapeutin den Raum zwischen Befehl und Umsetzung erfragen: Welche Gefahr besteht, dass der Patient diesen Befehl auch umsetzt? Und in so einem Fall ist es auch möglich, den Stimmen etwas entgegenzusetzen, etwa, dass man diese Stimmen nicht unterstützen kann und dem Patienten rät, sich ihnen nicht zu unterwerfen. Die »Partei fürs Überleben« muss auch unbedingt bei bilanzierender, postpsychotischer Depression vertreten werden, hier allerdings mehr als Gegenüber des Patienten und weniger als Gegenüber zu den Stimmen (also einem externalisierten Teil des Patienten). Zudem erscheint es hier möglich, den Zustand vor der Psychose, vor der Depression, als in der Zukunft erreichbar zu benennen, da durch die Psychose nicht die Fähigkeiten verloren gegangen sind. Das Gefühl des Verlustes in Bezug auf die Vergangenheit anzuerkennen, für die Zukunft Hoffnungsaspekte zu platzieren und den aktuellen Zustand als eine unerträgliche Verzweiflung zu akzeptieren, dafür ist die Psychotherapeutin da, und mit der zeitlichen Aufsplittung kann der überwältigende Sog der Suizidalität entzerrt werden.

Ist es für die Therapeutin oder den Therapeuten selbst in der Gegenübertragung nicht aushaltbar bis zur nächsten Sitzung oder bis zum nächsten Tag in der Klinik, so kann ein zusätzlicher Termin oder eine weitere Person als Kontakt angeboten werden. Gleiches gilt für ein fehlendes Gefühl bei der Therapeutin: Kann diese den Patienten nicht mehr spüren, sich eine benannte Gefahr nicht vorstellen, so ist das ein Alarmzeichen, das besondere Aufmerksamkeit erforderlich macht. Eine Einweisung oder – bei stationären Patienten – eine Eins-zu-eins-Betreuung ist für den Fall angemessen, dass man als Psychotherapeutin mit dem Patienten den gewohnten Kontakt nicht mehr herstellen kann und Absprachen wirkungslos erscheinen.

Auch hier gilt wie beim Umgang mit Aggression, dass solche Schritte nach Entaktualisierung einer solchen lebensbedrohlichen Situation reflektiert werden müssen, um die Sichtweise des Patienten oder der Patientin besser kennenzulernen, die eigene zu erläutern und Konsequenzen für die gemeinsame Arbeit in der Zukunft zu vereinbaren.

4.6 Umgang mit Medikamenteneinnahme

Ein junger Mann mit einer schizophrenen Psychose wird wegen anhaltender und schwerer Suizidalität in eine Klinik eingewiesen. Ein halbes Jahr später verlässt er die Klinik mit dem doppelten Körpergewicht, einer Dreifachkombination von Medikamenten und kommt mit den Worten »Mir geht es gut« wieder in die Psychotherapie. Er war allerdings nicht in der Lage, sich zu konzentrieren, zu lesen oder auch komplexer zu denken.

Dieses Beispiel zeigt drei Dinge: dass Psychopharmaka gewünschte Wirkungen haben können (der junge Mann ist nicht mehr suizidal, gibt an, zufrieden zu sein), dass Psychopharmaka unerwünschte Wirkungen haben können (massive Gewichtszunahme u. v. m.) und dass Psychopharmaka eine Psychotherapie sowohl ermöglichen (Einhalten des Settings) als auch verhindern können (Sedierung, Motivations- und Salienzverlust sowie kognitive Störung sind Symptome, die durch die Medikation verstärkt werden können).

Eine Medikamentenreduktion war hier notwendig, um eine Psychotherapie sinnvoll durchführen zu können. Es ist äußerst wahrscheinlich, dass ein Absetzen der Medikation allerdings erneut den Ausgangszustand mit florider Psychose und Suizidalität hervorgerufen hätte.

Die meisten Menschen mit schizophrenen Psychosen nehmen zumindest zeitweise Medikamente ein. Für einige der Patienten bedeutet die Medikamenteneinnahme die Möglichkeit, besser am sozialen Leben teilzuhaben, zu arbeiten, eine Psychotherapie wahrzunehmen. Andererseits beeinflusst die Medikamenteneinnahme das Erleben und auch die therapeutische Beziehung. Ein Großteil der Patientinnen und Patienten beklagt im Zusammenhang mit der Einnahme von Antipsychotika eine Reihe von Beschwerden: verändert zu sein, unangenehme Nebenwirkungen und in Bezug auf die Symptomatik, die der Betroffene loswerden möchte, oft eine nicht ausreichende oder ausbleibende Wirkung. Es gibt aber auch die Patienten, die durch die antipsychotische Medikation ihren Wahn und das bisherige Erleben vermissen und aus diesem Grund die Medikamente absetzen und damit ein Rezidiv riskieren. Behandelnde Psychiaterinnen und Psychiater reagieren auf solche Beschwerden häufig mit einer Medikamentenanpassung. In der Psychotherapie kann darüber hinaus der Raum dafür geöffnet werden, Widersprüche und Zusammenhänge zwischen dem Reduktionswunsch und dem ernst genommenen Leid und der Selbsteinschätzung zu beleuchten. Der Therapeut kann Bezug darauf nehmen, wie der Patient in der Vergangenheit auf Medikamente, deren Einnahme und Dosisänderungen reagiert hat. Er kann in einer etablierten psychotherapeutischen Beziehung eine Außensicht vertreten, ohne seine Argumente dem Patienten überzustülpen: Der psychotherapeutische Raum ermöglicht die Koexistenz von Widersprüchen. Zudem muss in der Psychotherapie keine Entscheidung getroffen werden.

Die Fälle, in denen der Psychotherapeut auch zugleich der behandelnde Psychiater ist, können aber dabei helfen, dem Patienten seine Eigenverantwortung in Bezug auf die Medikation zu vermitteln. In der Doppelrolle hat der Psychiater, da er auch die psychotherapeutischen Gespräche führt, mehr Zeit, den Patienten in seinen Wünschen, Nöten und Reaktionen kennenzulernen.

Es erscheint notwendig, dass der Mensch mit Psychose dem Psychotherapeuten von Medikamentenänderungen berichtet, da diese einen unmittelbaren Einfluss auf die psychotherapeutische Arbeit haben können. Wenn ein solches Berichten nicht gut möglich scheint, ist es hilfreich, dass der Patient den Kontakt zwischen

Psychotherapeut und Psychiater zulässt. Das bedeutet nicht, dass die Einnahme der Medikamente ein Verlust an Autonomie oder Selbstwirksamkeit ist. Vielmehr erscheint es wichtig, dem Patienten klarzumachen, dass die Anpassung der Medikation von ihm selbst mitgesteuert werden kann. Die Hoffnung, dass ein Medikament alles richtet, gibt es bei Patienten und bei Therapeuten; das Gefühl, versagt zu haben sowie durch die Einnahme die Erkrankung zu akzeptieren, gibt es ebenfalls auf Therapeuten- wie Patientenseite. Der Weg ist ein permanentes Abgleichen der Möglichkeiten, durch die Medikation eine Unterstützung dessen zu bekommen, was dem Menschen mit Psychose im Alltag wichtig ist. Auch diese Ziele können sich durchaus von denen des Umfelds unterscheiden.

4.7 Umgang mit Substanzabusus und -abhängigkeit

Dieses Thema erscheint zu groß für ein Kompendium dieser Art, sodass wir uns an dieser Stelle auf ein paar ausgewählte Aspekte beschränken.

Anders als dies in den Richtlinien und in »aktuellen« Lehrbüchern noch benannt ist, ist der Substanzabusus oder eine Abhängigkeit kein Grund dafür, einem Menschen mit Psychose die Psychotherapie vorzuenthalten. Insbesondere bei den jungen Patientinnen und Patienten, aber auch bei Menschen mit Psychosen insgesamt kommt ein schädlicher Konsum von Suchtmitteln häufiger vor als in der Normalbevölkerung, was auch darauf hinweist, dass es eine Wechselwirkung zwischen Psychosen und Suchtmittelkonsum gibt (Strålin u. Hetta, 2020). Wichtig ist, dass der Suchtmittelgebrauch nicht im Vordergrund steht, weil es dann kaum möglich ist, die psychotischen Ängste und Dilemmata zu bearbeiten. Es geht dabei nicht um die Entscheidung vor Beginn der Therapie, welches die primäre Störung ist – das ist oft genug insbesondere zu Beginn nur schwer eruierbar. Es gibt sowohl Psychosen durch Substanzmissbrauch wie auch Substanzmittelkonsum, der nach Ausbruch einer Psychose – häufig als Selbstmedikation zur Affektregulation – begonnen wird. Werden Amphetamine als Selbstmedikation gegen Negativsymptome eingesetzt, wird hierdurch die bestehende Positivsymptomatik verstärkt oder gar erst hervorgerufen. Ganz sicher beeinflusst eine Substanzabhängigkeit oder ein schädlicher Gebrauch sowohl die Psychose als auch die Psychotherapie. Am besten wäre es also, Sucht und Psychose gleichzeitig zu behandeln, was bei zwei verschiedenen Behandlern zumeist nicht möglich ist oder nicht koordiniert werden kann. Wenn ein Behandler beide Diagnosen therapiert, so muss er die gegenseitige Bedingtheit kennen: Psychosebedingte Symptome können den Substanzmissbrauch fördern, und Substanzmissbrauch kann den Zugang zum Erleben, den Gefühlen stören, sodass eine psychotherapeutische Arbeit erheblich erschwert ist. Die Akzeptanz beider Diagnosen ist ebenso wichtig wie der Verzicht auf enge Vorgaben, wie sie sonst in der Suchttherapie häufig angewendet werden (Gouzoulis-Mayfrank, 2007), da eine Änderung des Konsumverhaltens nicht aufgezwungen werden kann – es muss eine eigene Entscheidung sein und hängt oft eng damit zusammen, dass ein alternativer Umgang mit den Symptomen und Ängsten der schizophrenen Psychose gefunden wird. Ein akzeptierendes Begleiten ermöglicht es der Patientin oder dem Patienten, sich ehrlich und selbstreflektierend zu öffnen und Entscheidungen für sich selbst zu treffen. Besonders passend sind hier die Haltungselemente der Offenheit, auch in den Zielformulierungen, die ständig angepasst werden können. Eine akzeptierende Haltung und der Versuch des Verstehens (Harm Reduction), zum Beispiel der Bedingtheit des Konsums durch die Psychose, ermöglichen eine gemeinsame Arbeit mit kleinen Schritten.

4.8 Umgang mit einer Exazerbation der Psychose während der Behandlung

Patienten selbst benennen als ein Therapieziel häufig, dass sie keine weitere Psychose erleben wollen. Auch vielen Ärzten und Psychologen ist es in der Arbeit besonders wichtig, einen stationären Aufenthalt zu verhindern. Für dieses Ziel werden Mittel akzeptiert, die ohne dieses Ziel niemals akzeptiert würden (Einschränkungen im Alltag und Medikation in höherer Dosierung als nötig), aus Angst, die Psychose könnte wiederkommen, bzw. weil man sich nicht zutraut, die Medikation bei klinischer Besserung zu reduzieren.

Exazerbationen können Folge einer zu schnellen Medikamentenveränderung oder des Absetzens sein, durch Substanzkonsum (insbesondere ohne schützende Medikation), durch verschiedene äußere Belastungsfaktoren, aber auch – wenngleich selten – durch eine Aktualisierung des Dilemmas innerhalb der Psychotherapie provoziert werden, etwa wenn eine Tendenz zu größerer Nähe entsteht. Hier kann es vorkommen, dass auch der Therapeut wahnhaft eingebunden (z. B. als Verfolger oder Liebesobjekt erlebt) bzw. die Beziehung zu ihm wahnhaft umstrukturiert wird. In solchen Fällen, wenn es sich nicht um eine schnell beherrschbare und besprechbare Krise handelt, kann eine Unterbrechung der Therapie notwendig werden. Günstig für den Fortgang der Therapie wäre es, wenn der Kontakt nicht vollständig abreißt bzw. wieder aufgenommen werden kann. Hier sollte der Therapeut versuchen, den richtigen Zeitpunkt zu finden, und gegebenenfalls den Kontakt von seiner Seite aus herstellen, weil der Patient sich möglicherweise aus einem Schamerleben heraus zurückhält. In Abhängigkeit vom Stand der Therapie macht die Patientin oder der Patient so die Erfahrung, dass der Therapeut und die Therapie einen solchen »Angriff« überleben und dass die Beziehung in tolerabler Intensität fortgesetzt werden kann (Phase der Modellerfahrung) und/oder es gelingt, die Ursachen und Auslöser einer psychotischen Reaktion explizit zu besprechen und gegebenenfalls auch Parallelen zu früheren Erkrankungsphasen zu ziehen.

4.9 Häufige Kontaktaufnahme außerhalb des vereinbarten Settings

Ein bei der Patientin bisher unbekanntes und auch unerwartetes Verhalten, das sich einstellt und ungewöhnliche Ausmaße annimmt, zeigt folgendes Beispiel:

Frau S. hat vor einem Jahr die Psychotherapie begonnen, dabei die vereinbarten Regeln akribisch eingehalten. Die plötzlichen drängenden Anrufe, mehrere am Tag, meist ohne eine eindeutige oder dringende Frage, erscheinen wie das genaue Gegenteil ihres bisherigen Verhaltens. Nach der Vereinbarung, dass Telefonate in der Häufigkeit nicht vereinbart waren, kommen gefühlt endlos viele E-Mails bei dem Psychotherapeuten an.

Wichtig ist, dass der Therapeut erkennt, dass die Regeln eingehalten wurden und eingehalten werden konnten. Ein solcher Umschwung ist meist nicht reflektiert, die Frage »Warum tun Sie das?« wird vermutlich nicht beantwortet werden können, und auch ein »Tun Sie das bitte nicht mehr und halten Sie sich an die Vereinbarungen« wird nicht zum vorherigen Zustand zurückführen, sondern eher wertvolles Material vernichten, dass sich der Psychotherapie bietet. Im genannten Beispiel führt das zu einer Umleitung der Telefonate in Mails. Zunächst muss der Psychotherapeut (stellvertretend) reflektieren, was sich zum Zeitpunkt der Verhaltensänderung in der Therapie ereignet hat, bestenfalls eine Änderung der Gegenübertragung bemerken. Das Wissen um ein zugrunde liegendes Dilemma, wie das Nähe-Distanz-Dilemma, hilft, solch ein Verhalten hypothetisch zuzuordnen. Ist es die Ankündigung eines Urlaubs des Therapeuten, irgendeine Änderung im Setting, der Uhrzeit, die verängstigt? Wahrscheinlicher ist es, dass sich in der therapeutischen Beziehung etwas ereignet hat, was Frau S. in die existenzielle Angst stürzt, der Therapeut könnte ihr verloren gehen. Solche Vermutungen, als vorsichtige Fragen formuliert, können eine Annäherung an die Hintergründe erlauben und dafür sorgen, dass die Anrufe von selbst wieder abnehmen. Darüber hinaus kann es notwendig sein, dass der Therapeut seine eigenen Grenzen benennt, zum Beispiel dass es gut ist, dass Frau S. sich meldet, wenn sie in Not ist, es aber genügt, wenn sie dies einmal am Tag (oder in einer anderen Frequenz) tut, da der Psychotherapeut sich auch bei mehr Anrufen nicht mehr um sie kümmern kann. Eine gemeinsame Lösung in Form eines Aufeinanderzukommens kann erarbeitet werden, die zunächst auf der praktischen Ebene übernommen wird und später reflektiert werden kann.

4.10 Patient wird während der Psychotherapie stationär aufgenommen

Die Patientin ist während der laufenden Psychotherapie stationär aufgenommen worden. Neben der reflexiven Ebene, die hier wie überall ihren Raum benötigt, geht es um einen Umgang mit den neuen Playern im System der therapeutischen Beziehungen.

Hat man die Aufnahme nicht selbst veranlasst und ist die Aufnahme nicht gleich mitgeteilt worden, erfährt man im Rahmen der erfolgten oder nicht erfolgten Therapieabsage von dem stationären Aufenthalt. Eine Kontaktaufnahme am besten mit der Patientin selbst, wenn das nicht möglich ist, dann mit der entsprechenden Einrichtung, erscheint richtig. Es geht dann um die Bekundung, dass man weiß, wo die Patientin sich gerade befindet, um die Äußerung, dass man für Rücksprachen, Fragen und Auskünfte der Patientin wie auch der Behandelnden, sofern die Patientin das wünscht oder billigt, zur Verfügung steht. Und es geht um die Haltung, dass dieser Schritt in die stationäre Behandlung auch die Arbeit in der ambulanten Psychotherapie weiterbringen wird. Solch eine Kontaktaufnahme und diese Äußerungen geben der Patientin die Möglichkeit, sich nicht zwischen ambulant und stationär entscheiden zu müssen. Im Sinne eines personellen und konzeptuellen Kontinuums ist es wichtig, sich mit den Therapeuten des stationären Aufenthalts abzusprechen (von Haebler, 2021), was aus unserer Erfahrung inzwischen meist von den Patienten gewünscht und von den stationären Behandlern begrüßt und genutzt wird. Auch die Weiterbehandlung nach dem stationären Aufenthalt ist damit sicher, was wiederum allen Beteiligten etwas Ruhe in einer solchen Ausnahmesituation geben kann.

In einzelnen Fällen mag es sinnvoll sein, die Gespräche auch während des stationären Aufenthalts fortzuführen. Dies erfolgt aber nur, sofern es von allen an der Behandlung Beteiligten mitgetragen wird und ein Weg der Abrechnung für die parallel laufende Behandlung gefunden ist.

4.11 Umgang mit Stundenausfall

Der Patient erscheint nicht zum vereinbarten Termin. Es folgen die Überlegungen: Was war in der vergangenen Stunde? Was ist im Moment an Belastungen oder Lebensereignissen bei dem Patienten außerhalb der Therapie bekannt? Welches Thema stand an? Was löst das Nichterscheinen des Patienten bei mir als Psychotherapeut aus, und mache ich mir als Psychotherapeutin Sorgen? Die Analyse der Gegenübertragung kann die Entscheidung der Therapeutin unterstützen. Es gibt verschiedene Gegenübertragungsgefühle und diese sollten auch hier eine Rolle für ein überlegtes Handeln der Therapeutin spielen (Lempa, 2020).

Es erscheint richtig, dem Psychosepatienten eher einmal mehr hinterherzutelefonieren und den Kontakt außerhalb der Sitzungen aufzunehmen, da man davon ausgehen kann, dass der Patient die Vorstellung von der Therapie und der Therapeutin noch nicht stabil verinnerlicht hat und insbesondere in der Anfangsphase der Therapie an die Existenz der Therapeutin erinnert werden muss. Ist das Fernbleiben des Patienten jedoch verstehbar oder gut vorstellbar und macht auch im Hinblick auf die Kenntnisse der vergangenen Sitzungen und der Anamnese keine Sorgen, so würde der Kontakt nicht aufgenommen und das Fernbleiben in der nächsten Sitzung gegenüber dem Patienten benannt und zum Thema gemacht werden.

Ein Ausfallhonorar kann vereinbart werden, muss aber unbedingt flexibel gehandhabt werden.

4.12 Umgang mit drohendem Behandlungsabbruch

Droht ein Patient mit dem Abbruch der Behandlung, so ist dies ein Angebot, über seine Schwierigkeiten in der Fortführung der Therapie zu sprechen. Kommt ein Patient nicht mehr, entzieht er sich dieser Auseinandersetzung und scheint zum Gespräch darüber nicht bereit, kann dies als Handlungsdialog verstanden werden, und sofern für diese Situation nicht bereits im Vorfeld ein Prozedere besprochen worden ist, ist die Therapeutin am Zug, auf den Rückzug zu reagieren. Eine Antwort lässt die Therapeutin in Erscheinung treten und muss dem Patienten Raum zur eigenen Entscheidung lassen. Dies kann je nach Möglichkeit ein Telefonat, eine SMS oder ein Brief sein, hier ist eine Dilemmasensibilität erforderlich, um den Patienten mit den Nachfragen und Angeboten nicht zu irritieren, sondern ihm eher eine Sicherheit zu geben, dass es weitergehen kann, aber nicht muss.

In einigen Fällen genügt es, darauf hinzuweisen, dass man gewartet hat und sich fragt, ob es ein Missverständnis mit dem Termin gegeben habe oder andere Vorkommnisse den Patienten abgehalten haben zu kommen. Dieser Hinweis kann manchen Patienten Sicherheit geben, dass ihr Nichtkommen bemerkt wurde, und sie werden zum nächsten Termin wiederkommen. Bei anderen ist es nötig, auf die Therapievereinbarung hinzuweisen oder auch um ein klärendes oder auch abschließendes Gespräch zu bitten. Auch der Gedanke einer späteren Fortführung der Therapie oder einer Frequenzreduktion kann eingebracht werden, muss aber gemeinsam besprochen werden. Die Gegenübertragung ist wichtig, um die Bedrohlichkeit eines solchen Abbruchs besser einschätzen zu können und dies dann auch in die Kontaktaufnahme hineinzunehmen.

4.13 Umgang mit Urlaub

Urlaubszeiten werden wie bei nichtpsychotischen Patienten angekündigt. Oft wird die Tatsache, dass der Therapeut in den Urlaub geht, gar nicht als problematisch aufgenommen. Dann kann es notwendig werden, die eigene Abwesenheit detailliert mit dem Patienten zu besprechen, genau wie in dem Fall, dass der Patient gar nicht zu erfassen scheint, was das für ihn und die Psychotherapie bedeutet. Es ist Aufgabe des Therapeuten, einen therapeutischen Raum zu schaffen, in welchem die Abwesenheit antizipiert werden kann und gemeinsam Lösungen für aufkommende Situationen erarbeitet werden. Es kann ebenso vorkommen, dass der Psychotherapeut Sorge bekommt, die lange Abwesenheit würde dem therapeutischen Prozess nicht guttun, da die Therapie gerade in einer besonders vulnerablen Phase der Beziehungsarbeit ist und der Urlaub in der Länge gar nicht ausgehalten werden könne. Auch dann ist ein Besprechen im Vorhinein wichtig, aber unter Umständen nicht ausreichend. Der antizipierte Raum erscheint womöglich ungenügend und artifiziell. Hier kann es helfen, dem Patienten, sofern er danach fragt, eine Vorstellung an die Hand zu geben, wo man sich befinden und was man dort unternehmen wird. Wichtig ist es auch, eine Vertretung zu finden, die vom Patienten akzeptiert wird. Mit dieser kann der Therapeut gegebenenfalls Kontakt halten, sofern es ihn selbst entlastet.

Zusätzlich kann, falls keine Vertretung organisiert werden kann, die Möglichkeit der Online-Gespräche sowohl für den Patienten wie vor allem auch für den Therapeuten entlastend sein, die überdies vom Urlaub aus vereinbart werden können und unter Umständen eine einfachere oder eine bessere oder eben eine Notfalllösung darstellen können. Die Erfahrung zeigt, dass dies tatsächlich nur in echten Ausnahmefällen notwendig und extrem selten genutzt wird, dann aber eine sehr entlastende Möglichkeit sein kann.

4.14 Beendigung der Behandlung

Wir wissen inzwischen gut, dass die Psychotherapien von Menschen mit Psychosen meist längerfristige Behandlungen sind. Bei einer Psychotherapie mit Kontingent muss es bereits von Anfang der Behandlung an auch um die Beendigung der Therapie gehen. Das erste Mal taucht dieses Thema sicherlich bei der Behandlungsplanung und den Behandlungszielen auf, sofern diese besprochen werden können. Im Verlauf dann unter dem Aspekt, was nach der Therapie sein wird und sein könnte (Rom, 2007). Bei einigen Patientinnen und Patienten, insbesondere auch bei denen, mit denen zu Beginn keine Therapieziele besprochen werden können, weil zunächst der Beziehungsaufbau und der Aufbau des therapeutischen Raums notwendig sind, um solche gemeinsamen Vereinbarungen überhaupt treffen zu können, ist es unserer Erfahrung nach meist notwendig, die Therapie langfristig fortzusetzen. Das bedeutet, dass ein Angebot geschaffen werden sollte, welches der Patient, die Patientin als Kontaktmöglichkeit annehmen kann. Bei manchen genügt die Aussage: »Ich bin weiter hier, meine Praxis ist weiter hier; wenn Sie Bedarf haben, wenn Probleme auftauchen, bei denen ich Ihnen helfen könnte, melden Sie sich gerne wieder.« Und bei anderen ist eine Fortführung des therapeutischen Kontakts in kürzeren Terminen zweiwöchentlich oder monatlich nötig und dann auch möglich.

Wichtig ist es, zu vermitteln, dass man dem Patienten den weiteren Weg zutraut, dass dieses Vertrauen aber nicht bedeutet, dass der Therapeut dem Patienten verloren geht. Einerseits ist so viel Arbeit gemeinsam geleistet worden, dass der Patient einen gehörigen Teil der gemeinsamen Arbeit in sich trägt und erinnern kann, andererseits ist eine Wiederaufnahme des Kontakts jederzeit möglich. Das Ende einer Psychotherapie darf auch die Therapeutin, den Therapeuten emotional berühren, und es kann ein wertvoller Moment für den Patienten sein, dies zu spüren.

5 Supervision unter Anwendung des Dilemmaprinzips

In allen psychiatrischen Institutionen und Settings zeigen sich typische Schwierigkeiten, die einem Behandlungserfolg entgegenwirken, sofern man sie nicht wahrnimmt und reflektiert. Im Folgenden geht es um einige der typischen Probleme, die häufig in multiprofessionellen Teams auftauchen. Diese lassen sich als Gegenübertragungen auf psychotische Phänomene verstehen. Es wird beschrieben, wie das Dilemmaprinzip, das ja bereits bezüglich der Schizophrenie ausführlich erklärt wurde, hilfreich sein kann, um diese Probleme abzumildern und Behandlungen, die zu scheitern, zu stocken oder ergebnislos zu verlaufen drohen, wieder neuen Schwung zu verleihen.

Die Psychodynamik in Teams bildet die oft antagonistischen Strebungen und die Angst oder Verwirrtheit des Patienten ab. Das ist die Chance für die Supervision. Die gemeinsame Arbeit des Teams mit der Supervisorin oder dem Supervisor gelangt, wenn alles gut geht, zu einem Verständnis und einer Durcharbeitung der sich im Team widerspiegelnden Probleme und Dilemmata der Patientinnen. Dadurch hat sich natürlich die innere Situation der Patientinnen noch nicht verbessert, aber es sind Bedingungen dafür geschaffen worden, dass das Team adäquater auf die Patientinnen reagiert und dass sich deshalb die Chancen auf entwicklungsfördernde Interaktionen erhöhen.

5.1 Supervision mit schizophrenen Patienten

Es werden im Folgenden drei Problemlagen besprochen.

Der desintegrierte Patient: Vor allem, wenn Patienten noch akut erkrankt sind, kann eine Supervisionssitzung sehr verwirrend sein. Es gibt in den Äußerungen der Teammitglieder keinen Zusammenhang, keinen roten Faden, Themen tauchen auf und sind alsbald wieder weg. Es entsteht eine Atmosphäre, als befände man sich in einem Nebel. Manchmal befindet sich ein Team regelrecht in einem Zustand der Verwirrung, die dem Zustand des Patienten entspricht. Das kann wirklich anstrengend sein und die psychische Stabilität erschüttern. Hier kommt es darauf an, dass in der Supervision ein Raum entsteht, in dem das Team denken und reflektieren kann, was ja die Grundlage dafür darstellt, dass ein kohärentes Bild des Patienten entsteht. Dieses kohärente Bild erzeugt beim Team eine andere Haltung. Man kann dem Patienten jetzt anders gegenübertreten, ist selbst nicht mehr so ratlos und verwirrt und hilft damit dem Patienten, sich zu reorganisieren.

Der extrem objektbezogene Patient: Ein Team berichtet über eine Patientin, die alle Mitarbeitenden der Station sehr belastet. Sie sei aufdringlich und distanzlos und beschäftige permanent Mitarbeitende mit ihren nie enden wollenden Fragen, Sorgen und Nöten: »Werde ich gesund, wie geht es weiter, was soll ich machen?« Im Team kommen verschieden Reaktionen auf dieses einige an die Grenzen ihrer psychischen Möglichkeiten bringende Verhalten zur Sprache. Manche sind der Meinung, man müsse da mitspielen, die Patientin brauche das. Sie habe so etwas in ihrer Kindheit nie erfahren (was wohl stimmt). Andere finden das Verhalten kontrollierend und aggressiv und meinen, man müsse die Patientin zurückweisen und dürfe sich nicht auf dieses quälende Verhalten einlassen. Das Team, das wirklich unter der Situation enorm leidet, kann sich einige Zeit nicht einigen. Der Supervisor steuert bei, dass die Patientin quasi in ihr Gegenüber hineinfalle, dass hier keine Ansprache, etwa: »Haben Sie Zeit?«, erfolge. Es geht hin und her. Schließlich tauchen Ideen auf. Ein Teammitglied meint: Wir sollten uns nicht so von ihr kapern lassen, sondern zum Beispiel sagen: »Nein, es tut mir leid, jetzt geht es nicht, aber wir können in 10 Minuten gerne darüber sprechen.« Darauf kommen Ideen, dass man nicht die ganze Aktivität ihr überlassen sollte, weil man sich dadurch ja praktisch vor ihr wegducke. Nein, man solle, trotz ihres Anklammerns, auf sie zugehen und mit ihr Gesprächszeiten vereinbaren. Man entscheidet auch, dass man ihr freundlich und geduldig erklären solle, dass es besser sei, wenn sie vorwiegend mit ihren Bezugspersonen spreche. Das Team entspannt sich sichtlich nach dieser Arbeit von 90 Minuten.

Was war passiert? Ein Dilemma, ein Antagonismus zwischen objektbezogenen und selbstbezogenen Tendenzen, zwischen Annäherung und Abweisung, hatte einen Spielraum erhalten. Dadurch wurden neue Ideen und wohl auch neue Verhaltensweisen möglich, die auch der Patientin hilfreich werden können, ihre Problematik abzumildern.

Der extrem subjektbezogene Patient: In einer Supervision wird ein Patient vorgestellt, von dem man fast nichts wisse, an den man nicht herankomme und für den man deswegen praktisch keinerlei Gefühl habe. Alle steuern Beobachtungen bei. Er habe einmal erzählt, dass er zu Beginn seiner Erkrankung, es sei seine erste Psychose, Angst gehabt habe, es gehe um Sexualität. Damals sei er etwas offener gewesen. Im Gegensatz dazu wechselt er mittlerweile sofort das Thema, wenn man etwas nachfragt, und blockiert absolut. Ähnlich, wenn man sich nach Einzelheiten seiner Vorgeschichte erkundigt. Es fühlt sich an, als stoße man gegen einen Felsen. Man überlegt, ob man nicht von den Eltern etwas mehr erfahren könnte. Jemand berichtet, dass der Patient teilweise recht kompetent sei. Er plane seine Entlassung und kümmere sich um eine Wohnmöglichkeit, er sei auch dabei, seine Arbeitsstelle wieder zu kontaktieren, weil er bald wieder arbeiten möchte. Ein Teammitglied sieht eine starke Aggression hinter diesem Verhalten: »Er verachtet die Station und das Team und lässt alle abblitzen.« Dann entsteht ein hilfreicher Einfall, ein Verstehen des Patienten schält sich heraus. Der Patient war am

Anfang offen, ist auch freiwillig auf die Station gekommen. Jetzt will er sofort zurück in sein altes Leben. Schließlich entsteht eine Hypothese, die allen einleuchtet. Der Patient flieht in die Gesundheit, er möchte seine erste Erkrankungsphase sozusagen löschen und zum »business as usual« übergehen. Deswegen blockiert er, das sei also keine Aggression, sondern er schütze seinen Plan gegen den Plan des Teams, das ihn dazu bringen möchte, sich mit den tieferen Ursachen seiner Ersterkrankung zu befassen. Man versucht, eine Haltung zu entwickeln, die diese beiden Standpunkte integriert. Etwa so, dass man sich seinen »Fluchttendenzen« gegenüber wohlwollend verhält, aber auch den eigenen Standpunkt ins Spiel bringt, allerdings ohne ihn zu bedrängen. Man könnte beispielsweise Verständnis für seinen Wunsch, ganz schnell zurück ins Leben zu gelangen, äußern, aber auch darauf hinweisen, dass die Auseinandersetzung mit den Faktoren, die bei seiner Erkrankung eine Rolle spielten, seinen Wunsch unterstützen könnte und so seinen Zielen diene.

Was hat das Team geschafft? Es hat zuerst eine einseitige Auffassung korrigiert, nämlich die, dass das Verhalten des Patienten eine aggressive Verachtung sei. Daraus ergäbe sich eine Haltung, die den Rückzug des Patienten verstärken würde. Das Team hat dann das Dilemma erkannt. Der Patient fühlte sich in seinem Ziel, seiner Flucht in die Gesundheit, und damit in seiner Identität von den Zielen des Teams, das mit ihm über seine Probleme sprechen wollte, bedroht. Auch das Team befand sich in einer bedrohlichen Situation: die eigene Identität als Therapeuten aufgeben zu müssen, keinerlei therapeutischen Spielraum mehr zu haben, wenn man nur hilflos zusehen könne, wie er sich aus allem herausziehe und nicht mehr mitarbeite. Durch die Reflexion in der Supervision deutet sich die Möglichkeit eines Kompromisses und eines Ausswegs aus der therapeutischen Sackgasse an.

5.2 Abschließende Hinweise zur Supervision

Supervision ist bei einigen schwerwiegenden Ereignissen auch deshalb notwendig, um ein Team psychologisch zu unterstützen. Dazu gehören Übergriffe zwischen Patienten und Team sowie Suizidversuche oder gar, was leider auch geschehen kann, Suizide. Hier ist ein einfühlsames, unterstützendes Vorgehen notwendig, um eine Verarbeitung der Ereignisse zu ermöglichen, etwa Ängste und Schuldgefühle abzubauen, aber auch wieder nach vorn zu schauen und Ideen der Prophylaxe ohne Schuldzuschreibungen zu entwickeln.

Ein Supervisor sollte therapeutische Erfahrungen mit den Patienten besitzen, mit denen das Team, das er supervidiert, arbeitet. Wenn er beispielsweise vor allem Neurosen behandelt, wird er entsprechend diesem Niveau der Ich-Organisation auf die Probleme eingehen. Dann besteht die Gefahr, einseitig zu werden und eine inadäquate Ebene der Probleme zu berühren und dabei die psychotische Symptomatik, das Dilemma, zu übergehen.

Zum Schluss möchten wir kurz für externe Supervision plädieren. Jeder im Team reagiert auf die Probleme des Patienten. Ein Blick von außen bildet eine zusätzliche, neutrale Perspektive. Ein engagiertes Team ist bereit, zu lernen, lässt sich beobachten und ist in der Lage, sich zu problematisieren. Was wir von unseren Patientinnen und Patienten erwarten, sollten wir auch von uns erwarten.

Literatur

Benedetti, G. (1998). Psychotherapie als existentielle Herausforderung. Die Psychotherapie der Psychose als Interaktion zwischen bewußten und unbewußten psychischen Vorgängen und zwischen imaginativ bildhaftem und einschichtig begrifflichem Denken (2. Aufl.). Göttingen: Vandenhoeck & Ruprecht.

Bion, W. (1962). Eine Theorie des Denkens. In: Frühe Vorträge und Schriften (S. 125–135). Frankfurt a. M.: Brandes & Apsel.

Bollas C. (2015). When the sun bursts. The enigma of schizophrenia. New Haven & London: Yale University Press.

Bronisch T. (2020). Suizidalität bei Schizophrenie. Psychotherapie, 25 (1), 129–151.

Bruns, G. (2012). Gefährliche Nähe – Trauma und schizophrenes Dilemma. Forum der Psychoanalyse, 28, 225–243.

DGPPN (Hrsg.) (2019). S3-Leitlinie Schizophrenie. Langfassung, 2019, Version 1.0, zuletzt geändert am 15. März 2019, verfügbar unter: https://www.awmf.org/leitlinien/detail/ll/038-009.html (13.11.2021).

Dümpelmann, M. (2003). Traumatogene Aspekte bei psychotischen Krankheitsbildern. Selbstpsychologie, 12 (4), 184–206.

Freud, S. (1894). Die Abwehr-Neuro-Psychosen. Versuch einer psychologischen Theorie der acquirierten Hysterie, vieler Phobien und Zwangsvorstellungen und gewisser halluzinatorischer Psychosen. GW I (S. 59–74). Frankfurt a. M.: Fischer.

Freud, S. (1911). Psychoanalytische Bemerkungen über einen autobiographisch beschriebenen Fall von Paranoia (Dementia paranoides). GW VIII (S. 239–316). Frankfurt a. M.: Fischer.

Freud, S. (1916–17a). Vorlesungen zur Einführung in die Psychoanalyse. GW XI. Frankfurt a. M.: Fischer.

Freud, S. (1917). Metapsychologische Ergänzungen zur Traumlehre. GW X (S. 212–226). Frankfurt a. M.: Fischer.

Gouzoulis-Mayfrank, E. (2007). Komorbidität Psychose und Sucht – Grundlagen und Praxis (2., erw. Aufl.). Darmstadt: Steinkopff.

Haebler, D. von (2021). Brücken bauen: Psychosenpsychotherapie und Sozialpsychiatrie – Die Notwendigkeit, psychotherapeutische Leistungen für Menschen mit Psychosen zugänglich zu machen. Sozialpsychiatrische Informationen, 51 (1), 38–44.

Haebler, D. von, Hesse, K. (2020). Gruppenpsychotherapieangebote für Menschen mit Psychosen. Kerbe – Forum für soziale Psychiatrie, 38 (1), 22–24.

Haebler, D. von, Montag, C. (2019). Selbstbestimmung mit Nebenwirkungen: Erfahrungen und Desiderate für eine zwangsarme Psychiatrie. Forensische Psychiatrie, Psychologie, Kriminologie, 1–14.

Klein, M. (1946/1972). Bemerkungen über einige schizoide Mechanismen. In: Das Seelenleben des Kleinkindes und andere Beiträge zur Psychoanalyse (S. 101–125). Reinbek: Rowohlt.

Lempa, G. (2020). Psychoanalytische Therapie der Schizophrenie – Welche Modifikationen der Behandlungstechnik sind erforderlich? Psychotherapie, 25 (1), 95–111.

Lempa, G. (2021). Neuere Entwicklungen in der psychoanalytischen Psychosentherapie. Psyche – Zeitschrift für Psychoanalyse und ihre Anwendungen, 75 (1), 4–39.

Lempa, G., von Haebler, D., Montag, C. (2016). Psychodynamische Psychotherapie der Schizophrenien. Ein Manual. Gießen: Psychosozial-Verlag (2. Aufl. 2017).

Lombardi, R. (2016). Body-mind dissociation in psychoanalysis: Development after Bion. London: Routledge.

Mentzos, S. (2009). Lehrbuch der Psychodynamik. Die Funktion der Dysfunktionalität psychischer Störungen. Göttingen: Vandenhoeck & Ruprecht.

Patel, R., Jayatilleke, N., Broadbent, M., Chang, C-K., Foskett, N., Gorrell, G., Hayes, R. D., Jackson, R., Johnston, C., Shetty, H., Roberts, A., McGuire, P., Stewart, R. (2015). Negative symptoms in schizophrenia: A study in a large clinical sample of patients using a novel automated method. BMJ open, 5. doi:10.1136/bmjopen-2015-007619.

Racamier, P. C. (1979). De psychanalyse en psychiatrie. Paris: Bibliothèque scientifique Payot.

Read, J., van Os, J., Morrison, A. P., Ross, C. A. (2005). Childhood trauma, psychosis and schizophrenia: A literature review with theoretical and clinical implications. Acta Psychiatrica Scandinavica, 112 (5), 330–350.

Rom, J. (2007). Identitätsgrenzen des Ich. Einblicke in innere Welten schizophrenie- und borderlinekranker Menschen (2. Aufl.). Göttingen: Vandenhoeck & Ruprecht.

Rom, J. (2013). Schizophrenien: Wissen – Verstehen – Handeln. Brücken bauen zwischen Wahnwelten und Realität. Göttingen: Vandenhoeck & Ruprecht.

Strålin, P., Hetta, J. (2020). Substance use disorders before, at and after first episode psychosis hospitalizations in a young national Swedish cohort. Drug and Alcohol Dependence, 209. doi:10.1016/j.drugalcdep.2020.10791.

van den Berg, D. P. G., de Bont, P. A. J. M., van der Vleugel, B. M., de Roos, C., de Jongh, A., van Minnen, A., van der Gaag, M. (2015). Prolonged exposure vs eye movement desensitization and reprocessing vs waiting list for posttraumatic stress disorder in patients with a psychotic disorder: A randomized clinical trial. JAMA Psychiatry, 72 (3), 259–267.

Winnicott, D. W. (1951). Übergangsobjekte und Übergangsphänomene. In: Von der Kinderheilkunde zur Psychoanalyse (S. 300–319). München: Kindler.

Winnicott, D. W. (1968). The use of an object. In: Psycho-analytic explorations (S. 217–227). London: Karnac.

Wollenweber, H. (2012). Der Handlungsdialog als Herausforderung und Chance in der Psychosentherapie. Göttingen: Vandenhoeck & Ruprecht.